ISO 경영 시스템

[QMS편]

ISO 경영시스템

초판 1쇄 인쇄일 2021년 4월 20일
초판 1쇄 발행일 2021년 4월 27일

지은이 손준호
펴낸이 양옥매
디자인 송다희 임흥순

펴낸곳 도서출판 책과나무
출판등록 제2012-000376
주소 서울특별시 마포구 방울내로 79 이노빌딩 302호
대표전화 02.372.1537 **팩스** 02.372.1538
이메일 booknamu2007@naver.com
홈페이지 www.booknamu.com
ISBN 979-11-5776-798-4 (03320)

이 도서의 국립중앙도서관 출판예정도서목록(CIP)은
서지정보유통지원시스템 홈페이지(http://seoji.nl.go.kr)와
국가자료종합목록시스템(http://www.nl.go.kr/kolisnet)에서 이용하실 수 있습니다.

ISO 경영 시스템 [QMS 편]

손준호 지음

책과나무

머리말

ISO 경영시스템은 ISO9001, ISO14001, ISO45001, ISO22000, ISO27001, ISO22716, ISO37001, ISO50001 등 많은 종류가 있지만 그 중에서도 가장 기본이 되는 ISO9001의 가이드를 통하여 경영시스템의 기본적인 개념과 뼈대를 숙지할 수 있도록 주력했다.

ISO9001은 1987년도에 제정되어 지금까지 4차례의 개정을 거치면서 제조업뿐만 아니라 모든 산업, 모든 업종에서 적용되는 가치 있는 표준으로 인정받고 있다. HLS(High Level Structure)의 골격은 Plan, Do, Check, Act(계획, 실행, 점검, 개선) 사이클로 이루어진 구조로서, 이를 통해 경영환경을 분석하고 전략을 수립하여 리스크는 낮추고 기회는 높임으로써 지속 가능한 경영을 할 수 있도록 지원한다. 이는 산업체뿐만 아닌 개개인에도 적용될 수 있다.

지금처럼 경제성장이 여의치 않고, 고용이 줄어들고 있는 경제 산업 구조 속에서 탈출구를 찾기 위해 부단히 노력하는 기업들, 학생들, 중장년층들에게 본서가 도움이 될 수 있기를 바란다. 본서를 통하여 기업체들의 입장에서는 지속 가능한 경영을 지원받고, 개개인의 입장에서는 목표 관리를 할 수 있기를 기원해 본다.

이 책이 출간되기까지 격려를 아끼지 않은 많은 분께 감사의 말씀을 드리며, 독자 여러분들께는 많은 관심을 부탁드리고자 한다.

2021년 4월

교수 손준호

차례

제 1부

국제표준화 기구와 인증제도

1. 국제표준화기구
2. 인증제도

1. 국제표준화기구

1) ISO 개요

(a) ISO 소개

- 명칭 – International Organization for Standardization(국제표준화기구)
  - ‘ISO’란 약칭은 국제표준화기구 영문 명칭의 두문자가 아님
  - 국제표준화기구의 공용어는 영어, 불어, 러시아어
- 설립 – 1947년
- 목적 – 제품 및 서비스의 국제적 교환을 촉진하기 위한 국제규격 제정과 보급
  - 기술 발전을 위한 정보 · 지식의 국제 간 교류 촉진
- 지위 – 비정부기구
- 사무국 – 스위스 제네바

(b) ISO 규모

- 회원국 – 약 170여 개국
- 제정규격 – 약 13,000여 종
- 기술위원회 – 약 28,000여 개
  - 기술위원(TC), 작업반(WG), 특별그룹(Ad hoc group), 분과위원회(SC)
- 우리나라는 기술표준원(당시 상공부 표준국)이 1963년 6월 P–member

로 가입(남북한 동시가입)하였다. P-member는 정회원을 말하며 'P'는 'Participating'의 두문자이다. 참고로, O-member는 준회원을 말하며 'O'는 'Observer'를 의미한다.

(c) ISO 조직

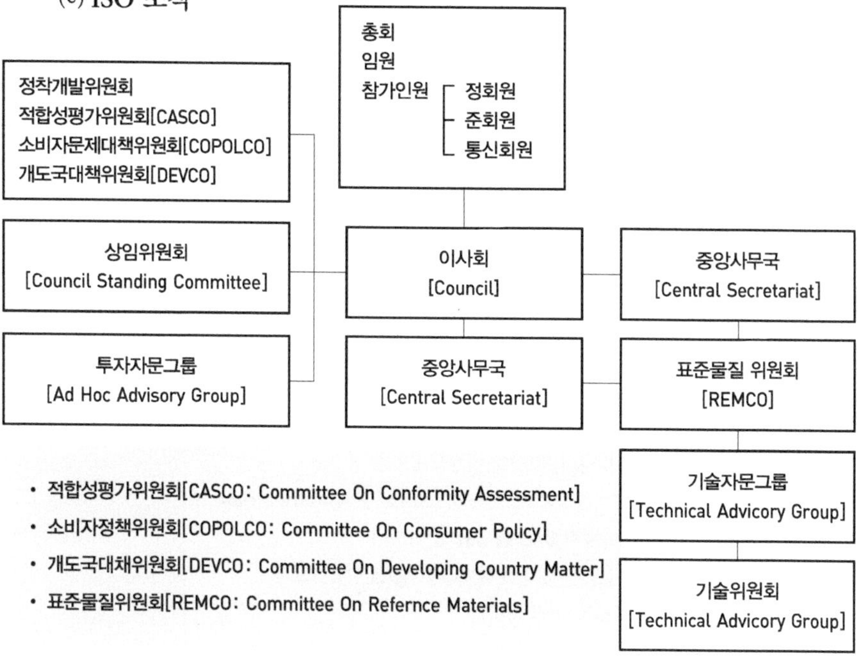

(d) ISO / TC176

- 명칭 – Technical Committee ISO/TC176 Quality management and quality assurance(품질경영 및 품질보증 기술 위원회)
- 목적 – 품질시스템, 품질보증 및 기타 지원기술을 포함하는 품질경영 전반에 있어서의 표준화
- 간사국 – 캐나다 SCC
- 회원국 – 103개국(P:66, O18, L:46)
- 설치년도 – 1980년

[ISO/TC176 하부구조]

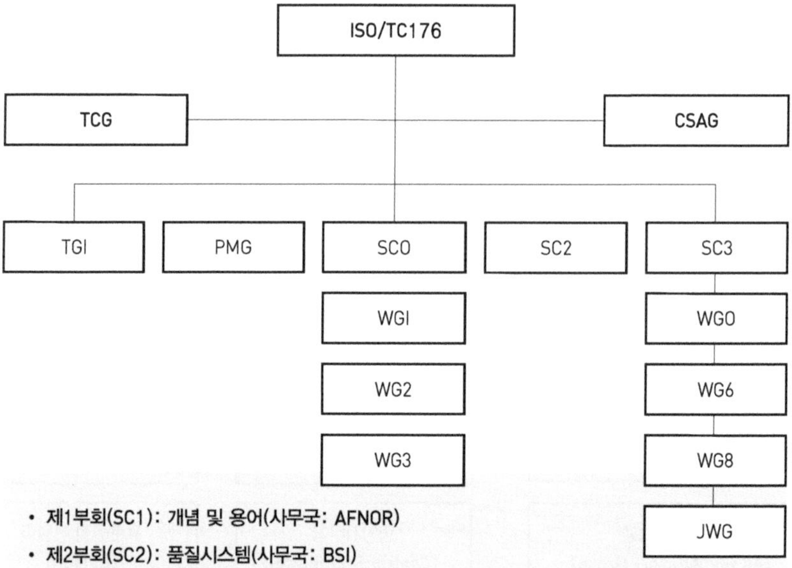

- 제1부회(SC1): 개념 및 용어(사무국: AFNOR)
- 제2부회(SC2): 품질시스템(사무국: BSI)
- 제3부회(SC3): 지원 기술 (사무국: NNI)
- JCG: 품질경영시스템과 환경경영시스템간의 병용성
- CSAG: 위원장의 전략자문그룹 (Chairman's Strategic Advisory Group)
- TGI: 자동차 산업에 대한 품질시스템 개발
- PMG: 해석, 번역, 품질경영원칙 및 브로슈어 개발을 위한 프로젝트 관리그룹(Project Management Group)

(e) **ISO / TC207**

1993년 1월, ISO는 TC(기술위원회)의 신설을 투표로 결의하고 환경경영에 관한 국제표준화 작업을 수행하기 위하여 환경경영과 관련된 제반 규격과 지침에 대한 표준화 작업을 수행한다. 다음 그림에서 보는 바와 같이 ISO/TC 207은 각 주제별로 6개의 분과위원회와 17개의 작업반으로 구성되어 있다. ISO/TC 207의 사무국은 캐나다가 담당하고 있으며, 영국, 네덜란드, 호주, 미국, 프랑스, 노르웨이 등이 각 분과위원회의 간사

국으로 활동하고 있다. 현재 ISO/TC 207에는 50개국의 P회원과 17개국의 O회원이 있다.

[ISO/TC207 구조]

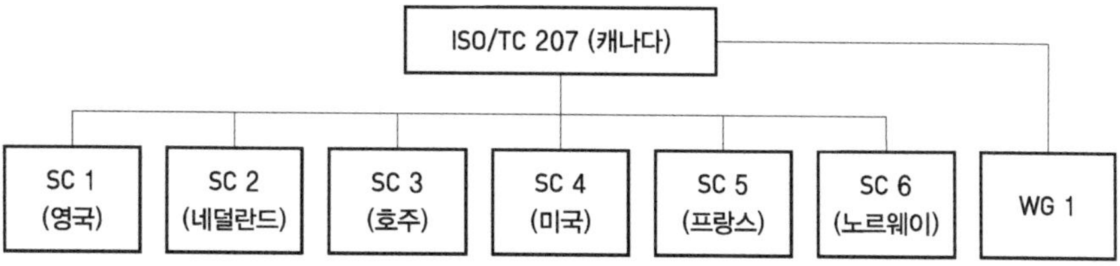

환경경영체제 [EMS]	환경심사 [EA]	환경라벨링 [EL]	환경성과평 [EPE]	전과정평가 [LCA]	용어정의 [T&D]	제품규격에 있어서의 환경측면
WG1 규격서	WG1 일반원리	WG1 제3자 인증	WG1 일반적 환경성과 평가	WG1 일반원리 및 절차	WG1 제품 표준에 관한 환경측면	
WG2 지침서	WG2 감사절차	WG2 지업자체 선언	WG2 산업별 특별환경 성과지표	WG2 전과정 목록 – 일반		
	WG3 감사원 자격기준	WG3 라벨링 일반원칙	WG3 ISO 1400 예제 개발	WG3 전 과정 목록 – 특수	WG3 산림에 대한 환경체제	
	WG4 환경 현장 평가			WG4 전 과정 영향 평가		
				WG4 전 과정 영향 평가		
				WG5 전 과정 개선 평가		

- Central Secretariat(CS) 표준화 총괄
- Technical Committee(TC) 표준화 주제별 구성
- Sub Committee(SC) TC내로 분야별로 설치
- Working Group(WG) 규격 작성의 최종 작업단위

2) ISO 규격 제정 절차

규격은 ISO기술위원회 및 분교위원회에서 6단계를 거쳐 개발한다.

- 1단계 – NP(신규작업초안: New work item proposal)
  - 국제규격 제정을 위한 신규작업 초안 제안.
- 2단계 – WD(작업초안: Working draft)
  - 작업반을 구성하고 규격개발 전담자를 선정, ISO/IEC 기술 작업 지침서에 의거 작업안을 작성.
- 3단계 – CD(위원회안: Committee draft)
  - 작업안을 TC혹은 SC회원국들에 회람시켜 승인을 얻는 단계(P멤버 3분의 2 이상 찬성을 얻으면 위원회 안으로 등록).
- 4단계 – DIS(국제규격안: Draft international standard)
  - 국제규격의 위원회 안으로서 TC 혹은 SC 회원국들에 회람시켜 얻는 단계(P멤버 3분의 2 이상 찬성을 얻으면 중앙사무국에 최종국제규격 안으로 등록).
- 5단계 – FDIS(최종국제규격안: Final draft international standard)
  - 최종국제규격의 위원회안으로서 TC 혹은 SC 회원국들에 회람시켜 얻는 단계(P멤버 3분의 2 이상 찬성을 얻으면 중앙사무국에 최종 국제 표준안으로 등록).
- 6단계 – IS(국제규격: International standard)
  - 국제규격은 통상 5년에 한 번씩 개정 검토하도록 되어 있다. 국제규격은 강제성을 갖지 않으며, 각 국가는 이를 자발적으로 국가 규격으로 채택하여 적용한다.

3) 경영시스템 규격의 발전

(a) **ISO 9001**

- 1959년 MIL-Q-9858A 품질시스템 표준을 최초로 제정
  (미국 NATO 공급용 군사장비의 품질보증을 위해)
- 1979년 영국표준협회(BSI)에서 BS 5770 제정 운영
- 1980년 ISO/TC 176 설치
- 1986년 ISO 8402 제정
- 1987년 ISO 9000 시리즈 제정 공표(초판)
- 1992년 KSA 9000 시리즈 제정
- 1993년 공산품 품질관리법을 품질경영촉진법으로 전환
  ISO 9000 인증제도 도입
- 1994년 ISO 9000 Family 개정(2판)
- 1995년 KSA 9000 Family 개정
- 1997년 민간주도 인증제도 실시
- 1998년 KS A 9000 Family 개정
- 2000년 ISO 9000 Family 개정(3판)
- 2001년 KS A 9000 Family 개정
- 2008년 ISO 9001 개정(4판)
- 2015년 ISO 9001 개정(5판)

(b) ISO 14001

- 1992년 10월 SAGE - 국제규격 제정을 위한 기술위원회(TC) 설립 건의
- 1993년 1월 ISO/TC 207 신설 투표결의

18개국 참여 표명

간사국: 캐나다

- 1993년 6월 제1차 정기총회(캐나다 토론토)
  분과위원회(6), 작업그룹(1) 설치 및 역할 결정
- 1993년 10월 제1회 SC1, SC2 분과위원회(네덜란드 암스테르담)
  작업항목 결정, 작업그룹 편성 및 일정 검토
- 1994년 5월 제2차 정기총회(호주 골드코스트) - 규격번호 부여 (14000)
- 1994년 9월 오스트리아 빈 회의
  위원회 초안(CD) 작성
  ISO 14001: 환경경영시스템 규격
  ISO 14004: EMS Guidance
  ISO 14010: 환경감사의 기본 원칙
  ISO 14011: 환경감사 방법
- 1995년 1월 미국 샌프란시스코 회의 - 초안 일부 변경
- 1995년 6월 제3차 정기총회(노르웨이 오슬로 회의)
  ISO 140001 및 ISO 14004 DIS 상태로 확정
- 1996년 6월 제4차 정기총회(브라질 리오데자네이로) - DIS 개정
- 1996년 9월 ISO 140001 규격 발효
- 1997년 6월 제5차 정기총회(일본)
- 1998년 6월 제6차 정기총회(미국) - EL, EPE, LCA 등의 국제표준 논의
- 1999년 6월 제7차 총회(한국)
- 2004년 ISO 14001(2004) 1차 개정
- 2015년 ISO 14001(2015) 2차 개정

4) ISO 9000인증 관련 국제기구

• IATCA(International Auditor and Training Certification Association) 국제 심사원 및 연수기관인증협회.

• IIAF(International Accreditation Forum) 국제인정기관협력기구. PAC, EA가 하나의 그룹으로 가입, 공동심사(Peer Evaluation)를 통해 MLA(Multilateral Recognition Agreement), 즉 다자간 상호 인정 협정.

• IPAC(Pacific Accreditation Co-operation) 아태지역 인정기관협력기구. 한국, 중국, 일본 등 16개국의 인정기관들이 가입.

• IEA(European Accreditation) 유럽상호인정기구. 독일, 영국, 프랑스 등 18개국의 인정기관들이 가입.

2.
인증제도

1) 인증제도 개요

국제표준 등에서 적합성 평가라고 포괄적 정의.

(a) **적합성 평가**

제품, 프로세스, 시스템, 사람 또는 기관 등에 대한 규정된 요구사항의 충족 여부를 실증하는 활동.

(b) **분야**

시험, 검사, 제품인증, 경영시스템인증, 자격인증(개인의 특정자격에 대한 인증).

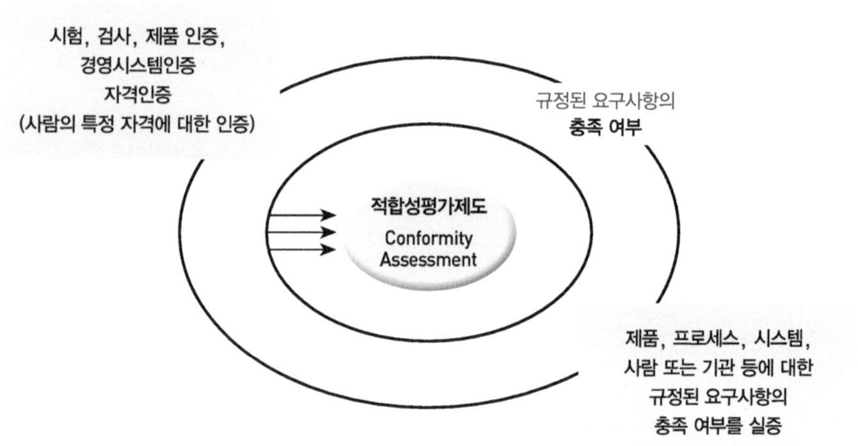

2) 인정기관과 인증기관

(a) 인정기관(Accreditation body)

인정이란 규정된 요구사항에 대하여 적합성 평가기관이 적격한지를 공식적으로 실증하는 제3자 증명활동을 말하며, 인정기관이란 인증제도에 있어서 인증서를 발급하는 인증기관과 심사원을 양성하는 연수기관을 지정하고 이들 기관에 대해 관리/감독하는 기관을 의미한다. 한 예로 한국의 인정기관은 KAB(Korea Accreditation Board)이며 영국의 인정기관은 UKAS(United Kingdom Accreditation Service)이다.

(b) 인증기관(Certification body)

인증이란 규정된 요구사항에 대한 시스템의 적합 여부를 실증하는 제3자 증명활동을 말하며, 인증기관이란 조직의 품질경영시스템을 심사하여 인증을 수여하는 제3자 기관을 의미한다. 현재 국내에서는 KAB에 등록된 국내 인증기관과 자국의 인정기관에 등록된 외국 인증기관이 인증 서비스 업무를 수행하고 있다.

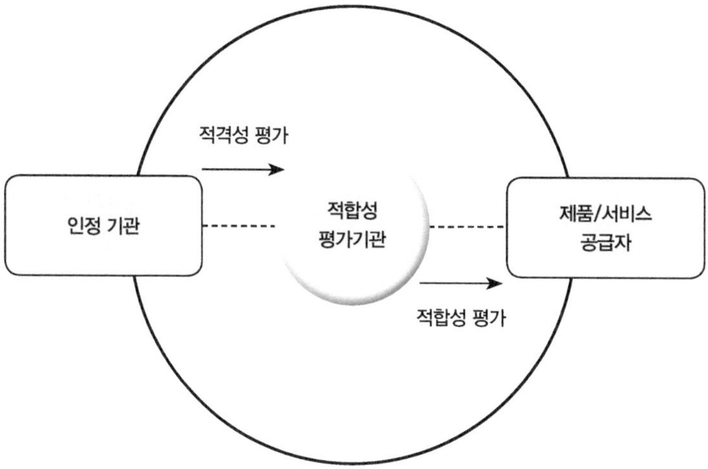

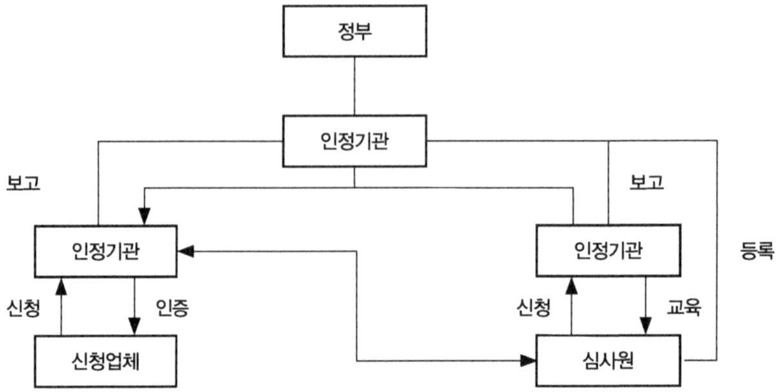

인정기관은 ISO 9001/14001 인증을 취득하고자 하는 회사들을 평가하여 인증을 수여하는 인증기관을 지정하는 관리 감독 기구(인정기구)이다. 인증기관들은 관련 수행 범위를 인증해 줄 수 있는 능력의 유효성을 평가받은 후에 인정기관에 의해서 지정 수행 범위를 지정받는다. 이 수행 범위는 인정기관에 의해 제공된 인정서에 명시되어 있다. 이 인증기관들은 규정된 지침에 대해서 인정기관에 의해서 심사 및 감독을 받는다.

3) 운영 주체별 역할

IAF의 다자간 상호인정협정에서 적용하는 관련표준(기준) 또는 지침과 각 운영 주체들의 활동을 살펴보면 다음과 같다.

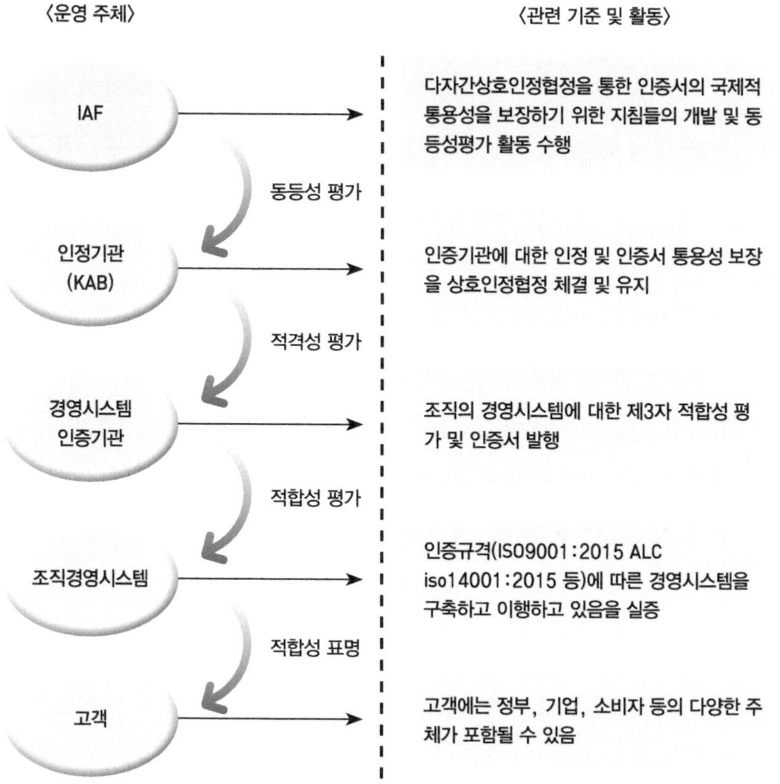

4) 품질경영시스템의 도입 필요성

(a) 글로벌 경영마인드 형성

글로벌 경영마인드란 자국 중심에서 전 세계를 대상으로 하는 경영을 위하여 기업의 비전이나 핵심 가치를 글로벌하게 새로 정립하는 것을 말한다.

(b) **지식관리 기반 구축**

- 지식이란 데이터를 가공하여 부가적 의미를 창출한 정보를 집적하고 체계화하여 타당한 행동기준으로 전환시킨 것을 말한다.
- 지식경영이란 기업이 경영활동을 하면서 축적해 놓은 다양한 데이터들을 특정 목적과 문제 해결에 도움이 되도록 가공하여 부가적 의미를 창출하는 경영 방식이다.

(c) **고객 위주의 사업관리시스템 구축**

- 고객 위주의 사업관리시스템이 필요한 이유는 급변하는 고객의 요구 및 Life Cycle을 기업이 일관성 있게 만족시키기 위한 목적 때문이다.
- 고객만족을 위하여 제품 및 서비스의 Life Cycle을 파악하고, 이것을 기업이 신속하게 공급하기 위해서는 기업의 비즈니스를 정밀 분석한 뒤 비즈니스 프로세스로 접근하는 것이 선행되어야 한다.
- 종합적으로, 어떤 신제품이 시장에 도입되고 보급 · 발전되어 성숙기에 들어갔다가, 다른 신제품의 개발 등에 따라 판매량이 줄어들게 되는 일련의 과정을 말한다.

(d) **기업의 이미지 제고**

- 기업이 이미지를 제고하기 위해서는 고객이 요구하는 것보다 높은 가치를 추구하는 것이 필수다.
- 고객이 추구하는 가치는 기업의 상품에 대한 호감도, 개발능력, 기술력, 고객만족도, 사회에의 공헌도 등으로, 복합적인 것이 바로 기업

에 대한 고객만족이다.

(e) **경영의 품질 제고**

- 품질경영시스템을 통해 기업은 고객 및 기업구성원과의 원활한 커뮤니케이션으로 경영품질을 제고할 수 있다.
- 기업의 내 · 외부 고객들과의 커뮤니케이션의 부재는 고객만족을 달성하는 데 있어서 최대의 적이다.
- 고객의 기대를 반영할 수 있는 고객 중심적인 관리표준 및 기술표준의 부재는 고객만족도가 좋지 않은 또 다른 원인으로 작용한다.

(f) **Quality Mind 형성**

품질경영시스템 구축 및 운영을 통해 기업이 얻을 수 있는 Quality Mind는 다음과 같다.

- 고객만족을 위한 경영시스템이 주는 고객 지향 및 고객 제일 마인드
- 프로세스 지향과 과학적인 품질관리를 통한 품질우선주의 형성
- 최고경영자에서부터 시작하여 하부 조직까지의 전원 참여 의식
- 품질경영의 기본인 P-D-C-A 원칙에 충실한 관리 마인드
- 전사적이며 조직적인 관리를 통한 지속적 개선 마인드
- 회사의 효율적인 품질관리 운영체계를 위한 표준화 의식
- 품질경영을 위한 전사적인 교육인재의 양성
- 제품 위주의 품질관리에 추가한 경영시스템 관리 마인드
- 자원의 효율적인 이용을 통한 원가 절감 마인드
- 개인의 정보 공유를 통한 공동 해결 마인드 등

5) 시스템인증을 통한 기대효과

(a) 국제기준에 적합한 품질경영시스템의 정비와 경영수법의 확립
(b) 표준화와 문서화에 의한 지속적 개선
(c) 기업 내의 불합리한 사항 제거
(d) 국제시장에의 진출 용이
(e) 상거래 및 입찰 시의 우대
(f) 제품의 품질 향상과 불필요한 사항의 제거로 인한 이익 확보
(g) 프로세스 성과의 모니터링 및 측정을 통한 경영성과 극대화

제 2부

ISO 9001 : 2015 요구사항 해설

1. 적용범위
2. 인용표준
3. 용어와 정의
4. 조직상황
5. 리더십
6. 기획
7. 지원
8. 운용
9. 성과 평가
10. 개선

개요

이 표준은 2015년 제5판으로 발행된 ISO 9001, Quality management systems – Requirements를 기초로, 기술적 내용 및 대응국제표준의 구성을 변경하지 않고 작성한 한국산업표준이다.

1. 일반사항

품질경영시스템의 도입은 조직의 전체적인 성과를 개선하고, 지속 가능한 발전 계획(initiative)을 위한 견실한 기반을 제공하는 데 도움이 될 수 있는 전략적 의사결정이다. 이 표준을 기반으로 한 품질경영시스템의 실행이 조직에 미치는 잠재적 이점은 다음과 같다.

1) 품질경영시스템의 이점

- ISO9001:2015 품질경영시스템을 지칭하는 것으로, 품질경영시스템이 지속적으로 유지 및 관리되기를 기대한다.
- 확고한 근거를 제공하고 수행의 개선에 도움이 된다는 의미는 ISO9001:2015의 요구사항에 대한 프로세스적인 접근방식으로 입력과 출력을 고려한 성과지표에 의한 측정이 가능한 시스템이 되어야 한다는 것이다.
- 조직의 전략적 의사결정은 비즈니스 환경(조직 상황)을 고려하여, 리스크 기반 사고를 포함하여 프로세스별 성과지표에 대한 목표를 조직의 상황에 적합하게 설정하고 달성하여야 한다는 의미이다.

- 설계 · 제조 · 측정 및 개선과 관련하여 자원(인원, 설비, 재료 및 방법), 요구사항(품질, 납기 및 가격) 및 준수 사항(안전 및 환경 측면) 등에 대한 틀(기준)을 확보하게 됨으로써 고객 요구사항, 그리고 적용되는 법적 및 규제적 요구사항에 적합한 제품 및 서비스를 일관되게 제공할 수 있다.
- 품질경영시스템은 지속적인 개선을 요구하고 있으므로 고객만족을 증진하기 위한 기회를 촉진시킨다.
- 조직의 상황 및 목표와 연관된 리스크와 기회를 다룬다.
- 조직의 품질경영시스템 요구사항에 대하여 내부심사, 고객심사 및 인증심사로 적합함을 입증한다.

2) 품질경영시스템 요구사항 및 프로세스 접근법

이 표준은 내부 및 외부 당사자에 의해 활용될 수 있다. 내부심사 또는 외부기관인 고객심사 및 인증심사를 위하여 사용 가능하다. 이 표준은 다음과 같은 필요성(need)을 나타내려고 의도된 것은 아니다.

- 상이한 품질경영시스템의 구조 통일화
- 이 표준의 조항 구조에 따른 문서화의 정렬
- 조직 내에서 이 표준의 특정 용어 사용

이 표준에서 규정된 품질경영시스템 요구사항은 제품 및 서비스에 대한 요구사항과 상호 보완적이다. 이 표준은 계획-실행-검토-조치(PDCA) 사이클과 리스크 기반 사고가 포함된 프로세스 접근법을 활용한다. 프로세스 접근법을 통하여 조직은 프로세스들과 그 상호 작용을 계획할 수 있다. PDCA 사이클을 통하여 조직은 프로세스에 충분한 자원이 제공되어

관리되는 것과, 개선 기회가 파악되어 조치되는 것을 보장할 수 있다.

● 참고_ 프로세스에 대한 사항은 '0.3.1 일반'을 참조
PDCA에 대한 사항은 '0.3.2 계획 – 실행 – 검토 – 조치 사이클'을 참조

3) 리스크 기반 사고

리스크 기반 사고를 통하여 조직은 프로세스와 품질경영시스템이 계획된 결과로부터 벗어나게 하는 요인을 정할 수 있고, 부정적인 영향을 최소화하는 예방관리를 시행할 수 있으며, 기회가 있으면 기회를 최대한 활용할 수 있다.

● 참고_ 리스크 기반 사고에 대한 사항은 '0.3.3 리스크 기반 사고'를 참조

4) 필요성

요구사항을 일관되게 충족시키는 것과 미래의 니즈와 기대를 다루는 일은, 점점 더 역동적이고 복잡한 환경에서 조직에게 도전이 된다. 이 목표를 달성하기 위하여, 조직은 시정과 지속적 개선에 추가하여 획기적인 변화, 혁신 및 조직 개편과 같이 다양한 형태의 개선을 채택하는 것이 필요하다는 것을 알게 될 것이다.

- 역동적이고, 복잡한 환경에서의 미래요구사항과 기대에 대하여 조직은 시정 및 지속적인 개선 이외에도 목표 달성을 위하여 분임조 활동, 싱글 PPM, 6시그마 등과 같이 다양한 유형의 개선의 방법을 필요로 하게 된다.
- 또한, 목표 달성을 위해 재편성(조직, 설비, 공정 등)의 필요성이 대두된다.

5) 조동사 형태

이 표준에서 다음과 같은 조동사 형태가 사용된다.

- "하여야 한다(shall)"는 요구사항을 의미한다.
- "하는 것이 좋다/하여야 할 것이다(should)"는 권고 사항을 의미한다.
- "해도 된다(may)"는 허용을 의미한다.
- "할 수 있다(can)"는 가능성 또는 능력을 의미한다.

● [비고]로 표기된 정보는 관련된 요구사항을 이해하거나 명확히 하기 위한 가이던스(guidance)다.

2. 품질경영원칙

이 표준은 ISO 9000에 기술된 품질경영원칙을 기반으로 한다. 기술 내용에는 각 원칙의 설명, 품질경영원칙이 조직에 왜 중요한가에 대한 논리적 근거, 품질경영원칙에 연관된 이점의 몇 가지 사례, 그리고 품질경영원칙을 적용할 때에 조직의 성과를 개선하기 위한 대표적 활동의 사례가 포함된다. 품질경영원칙은 다음과 같다.

- 고객중시
- 리더십
- 인원의 적극 참여
- 프로세스 접근법
- 개선
- 증거 기반 의사결정
- 관계관리/관계경영

1) 고객중시

품질경영의 주요 중점은 고객 요구사항을 충족시키고 고객의 기대를 능가하기 위해 노력하는 것이다.

(a) **이론적 근거**

- 지속적인 성공은 조직이 고객 및 기타 이해관계자의 신뢰를 받고 유지할 때 달성된다.
- 고객과의 상호작용의 모든 측면은 고객에게 더 많은 가치를 창출할 수 있는 기회를 제공한다.

-고객과 기타 이해관계자의 현재와 미래의 요구를 이해하는 것은 조직의 지속적인 성공에 기여한다.

(b) **주요 이점**

- 고객 가치 증대
- 고객 만족 증대
- 고객 충성도 개선
- 사업의 반복성(repeat business) 향상
- 조직 명성 증진
- 고객 기반 확대
- 매출과 시장 점유율 증대

(c) **가능한 조치**

- 조직에서 가치 있는 구성원으로서 직간접적인 고객 인식
- 고객의 현재 및 미래의 니즈와 기대를 이해
- 조직의 목표를 고객 니즈와 기대와 연계

- 조직 전반에 걸쳐 고객 니즈와 기대를 의사소통
- 고객 니즈와 기대에 충족시키기 위해 제품 및 서비스를 계획 · 설계 · 개발 · 생산 · 제공 및 지원
- 고객 만족을 측정하고 모니터하며 적절한 조치를 취함
- 고객 만족에 영향을 미칠 수 있는 이해관계자의 니즈와 기대에 관해 결정하고 조치
- 지속적인 성공을 달성하기 위해 고객과의 적극적인 관계 경영

(d) **방법**

- 시장/고객 조사
- 필요에 목표의 조정
- 고객 만족도의 측정
- 모든 이해 관계자의 요구/이해 사이의 균형

(e) 달성점

- 비즈니스 성과 및 효과
- 고객 충성도

2) 리더십

모든 단계의 리더는 목적과 방향의 통일성을 수립하고 인원이 조직의 품질 목표달성에 적극 참여할 수 있는 여건을 조성한다.

(a) **이론적 근거**

조직은 목적과 방향의 통일성 조성, 그리고 인원의 적극참여를 통하여 목표를 달성하기 위해 조직의 전략, 방침, 프로세스 및 자원을 한 방향으

로 정렬할 수 있다.

(b) 주요 이점

- 조직의 품질 목표 충족의 효율성과 효과성 증대
- 조직의 프로세스의 더 나은 조정
- 조직의 계층과 기능 간의 의사소통 개선
- 원하는 결과를 제공하는 조직과 조직인원의 능력 개발 및 개선

(c) 가능한 조치

- 조직 전반에 걸쳐 조직의 미션, 비전, 전략, 방침 및 프로세스의 의사소통
- 조직의 모든 계층에서 행동에 대한 공유 가치, 공정성 및 윤리적 모델을 창출하고 유지
- 신뢰와 진실(integrity)의 문화 수립
- 품질에 대한 전 조직적 의지표명의 장려
- 모든 계층의 리더가 조직의 인원에게 긍정적 모범임을 보장
- 인원이 책무(accountability)를 갖고 행동하도록 필요한 자원, 교육훈련 및 권한을 제공
- 인원의 기여에 대한 고무, 격려 및 인정

(d) 방법

- 모든 당사자의 요구를 고려
- 비전, 가치, 목표, 세부목표 등
- 공정성, 존중, 윤리, 신뢰(공포)
- 장애요소(도로 블록) 제거, 자원을 제공

- 고무, 격려, 인정

(e) **달성점**

- 의사소통, 동기 부여, 조정
- 조직의 목표

3) 인원의 적극 참여

조직 전반에 걸쳐 모든 계층에서 역량과 권한을 갖고 적극 참여하는 인원은, 가치를 창출하고 전달하는 조직의 능력 증진에 필수적이다.

(a) **이론적 근거**

효과적이고 효율적으로 조직을 경영/관리하기 위해서는 모든 계층에서 모든 인원을 존중하여 참여하도록 하는 것이 중요하다. 인정, 권한 위임 및 역량 증진을 통하여 조직의 품질목표 달성에 대한 인원의 적극 참여가 촉진된다.

(b) **주요 이점**

몇몇 잠재적인 주요 이점은 다음과 같다.

- 품질목표에 대한 조직 인원의 이해 향상, 그리고 품질목표의 달성 의욕 향상
- 개선 활동에 인원의 참여 증진
- 개인 발전, 진취성 및 창의성 증진
- 직원 만족 증진
- 조직 전체에 신뢰와 협력 증진
- 조직 전체에 공유된 가치와 문화에 대한 관심 증대

(c) **가능한 조치**

가능한 조치는 다음 사항을 포함한다.

– 개인 기여의 중요성에 대한 이해를 촉진하기 위해 인원과 의사소통

– 조직 전체에 협력을 촉진

– 개방된 토론과 지식 및 경험의 공유를 촉진

– 성과에 대한 제약 조건을 정하고 두려움 없이 이니셔티브를 잡도록 권한 위임

(d) **방법**

– 본인의 역할과 목표

– 본인의 기여의 중요성

– 강점, 기회, 지식, 경험

– 제약, 이슈, 문제점(신뢰)

(e) **달성점**

– 동기 부여, 혁신, 창의성

– 책임, 참여, 기여

4) 프로세스 접근법

일관된 시스템으로 작용하는 상호 관련된 프로세스로 활동이 이해되고 관리될 때, 일관성 있고 예측 가능한 결과는 더욱 효과적이고 효율적으로 달성된다.

(a) **이론적 근거**

QMS는 상호 관련된 프로세스로 구성된다. 이 시스템에 의해 어떻게

결과가 도출되는지 이해함으로써 조직의 시스템과 시스템의 성과를 최적화할 수 있다.

(b) **주요 이점**

몇몇 잠재적인 주요 이점은 다음과 같다.

- 개선에 대한 핵심 프로세스와 기회에 노력을 집중하는 능력을 증진
- 정렬된 프로세스의 시스템을 통해 일관되고 예측 가능한 결과 도출
- 효과적인 프로세스 관리, 자원의 효율적인 활용, 그리고 부서 간 장벽(crossfunctional barriers) 감소를 통한 성과를 최적화
- 조직의 일관성, 효과성 및 효율성에 관련된 이해관계자에게 신뢰 제공 가능

(c) **가능한 조치**

가능한 조치는 다음 사항을 포함한다.

- 목표를 달성하기 위해 필요한 시스템과 프로세스의 목표를 규정
- 프로세스 관리에 대한 권한, 책임 및 책무(accountability)를 수립
- 조직의 능력을 이해하고 조치가 취해지기 전에 자원의 제약을 결정
- 프로세스의 상호 의존성을 정하고, 전체의 시스템에 대한 개별 프로세스 변경의 효과 분석
- 조직의 품질목표를 효과적이고 효율적으로 달성하기 위해, 프로세스와 프로세스 상호관계를 하나의 시스템으로 관리
- 필요한 정보가 프로세스 운영 및 개선에 이용 가능하고 전반적인 시스템 성과의 모니터링, 분석 및 평가에 이용 가능함을 보장
- 프로세스의 출력과 QMS의 전반적인 결과에 영향을 미칠 수 있는 리스크를 관리

(d) **방법**

- 입력 → 과정 → 출력을 규정
- 책임, 책임, 측정/분석
- 인터페이스, 상호 의존성을 파악
- 중요한 요소, 최고의 기회, 위험 등에 중점

(e) **달성점**

- 낮은 비용, 사이클 타임을 단축
- 일관성, 예측 가능성 개선 등

5) 개선

성공적인 조직은 지속적으로 개선에 초점을 맞춘다.

(a) **이론적 근거**

조직이 현재 수준의 성과를 유지하고, 내부와 외부 조건의 변화에 대응하며 새로운 기회를 창조하기 위해서 개선은 필수적이다.

(b) **주요 이점**

몇몇 잠재적인 주요 이점은 다음과 같다.

- 프로세스 성과, 조직의 능력 및 고객만족 개선
- 예방조치 및 시정조치 전에 근본 원인 조사 및 결정의 중요성 증진
- 내부 및 외부 리스크와 기회를 예측하고 대응하는 능력의 증진
- 점진적인 개선과 획기적인 개선 모두의 고려를 증진
- 개선을 위한 학습의 활용을 개선
- 혁신을 위한 드라이브 증진

(c) **가능한 조치**

가능한 조치는 다음 사항을 포함한다.

- 조직의 모든 계층에서 개선목표의 수립을 촉진
- 개선목표를 달성하기 위한 기본적인 도구 및 방법론의 적용 방법에 관하여 모든 계층 인원의 교육과 훈련
- 개선 프로젝트의 성공적인 촉진과 완결을 하기 위한 역량을 갖춘 인원을 보장
- 조직 전반에 걸쳐 개선 프로젝트를 실행하는 프로세스의 개발 및 전개
- 개선 프로젝트의 기획, 실행, 완료 및 결과의 추적, 검토 및 심사
- 신규 또는 수정된 제품 및 서비스와 프로세스의 개발에 개선의 고려를 통합
- 개선의 인식 및 인정

(d) **방법**

- 입력 → 과정 → 출력을 규정
- 책임, 책임, 측정/분석
- 인터페이스, 상호 의존성을 파악
- 중요한 요소, 최고의 기회, 위험 등에 중점

(e) **달성점**

- 낮은 비용, 사이클 타임을 단축
- 일관성, 예측 가능성 개선 등('프로세스 접근법'과 '개선'이 d) 방법과 e) 달성점이 동일하므로 확인 바랍니다.)

6) 증거 기반 의사결정

데이터와 정보의 분석 및 평가에 기반을 둔 의사결정은 원하는 결과를 도출할 가능성이 더 높아진다.

(a) 이론적 근거

의사결정은 복잡한 프로세스가 될 수 있고, 항상 어느 정도의 불확실성을 수반한다. 의사결정은 주관적일 수 있는 해석뿐만 아니라, 여러 유형과 원천의 입력을 종종 포함한다. 인과 관계와 잠재적이고 의도하지 않은 결과를 이해하는 것이 중요하다. 사실, 증거 및 데이터 분석은 의사결정에 대하여 더 큰 객관성과 신뢰성을 높인다.

(b) 주요 이점

몇몇 잠재적인 주요 이점은 다음과 같다.

- 의사결정 프로세스의 개선
- 프로세스 성과 평가와 목표 달성 능력의 개선
- 운용의 효과성과 효율성 개선
- 의견과 의사결정을 검토, 대응 및 변경하는 능력의 강화
- 과거 의사결정의 효과성을 실증하는 능력의 강화

(c) 가능한 조치

가능한 조치는 다음 사항을 포함한다.

- 조직의 성과를 실증하는 주요 지표의 결정, 측정 및 모니터링
- 모든 필요한 데이터를 관련 인원이 이용 가능하게 함.
- 데이터와 정보는 충분히 정확하고, 신뢰성이 있고 안전함을 보장
- 적절한 방법을 활용하여 데이터와 정보의 분석 및 평가

– 인원이 필요에 따라 데이터를 분석 및 평가하는 역량이 있음을 보장
– 경험과 직관과의 균형을 맞추어 증거를 기반으로 한 의사결정과 조치

(d) **방법**

- 측정, 데이터를 수집
- 분석 결과를 활용할 수 있도록 가공

(e) **달성점**

- 개선 지원
- 더 좋은 의사결정, 결과

7) 관계관리/관계경영

지속적인 성공을 위해 조직은 공급자와 같은 관련 이해관계자와의 관계를 관리한다.

(a) **이론적 근거**

관련 이해관계자는 조직의 성과에 영향을 미친다. 조직의 성과에 대한 이해관계자의 영향을 최적화하도록 모든 이해관계자와의 관계를 관리할 경우, 지속적인 성공은 더욱 달성되기 쉽다. 제공자와 파트너 네트워크와의 관계관리가 특히 중요하다.

(b) **주요 이점**

몇몇 잠재적인 주요 이점은 다음과 같다.

– 각 이해관계자와 관련된 기회와 제약사항에 대한 대응을 통해 조직과 조직의 관련 이해관계자의 성과 증진

– 이해관계자와 함께 목표와 가치의 공통 이해
– 자원과 역량의 공유, 그리고 품질 관련 리스크 관리에 의해 이해관계자의 가치를 창출하는 능력 향상
– 제품 및 서비스의 안정적인 흐름을 제공하는, 잘 관리된 공급망

(c) **가능한 조치**

가능한 조치는 다음 사항을 포함한다.

– 관련 이해관계자(예: 공급자, 파트너, 고객, 투자자, 종업원 또는 사회 전체) 및 조직과의 관계를 명확히 함
– 관리할 필요가 있는 이해관계자 관계를 정하고 우선순위 결정
– 단기적 이익이 장기적 고려와 균형되는 관계를 구축
– 관련 이해관계자와 정보, 전문지식 및 자원을 수집하여 공유
– 개선 발의를 증진하기 위하여 해당되는 경우, 성과를 측정하여 이해관계자에게 성과 피드백을 제공
– 제공자, 파트너 및 기타 이해관계자와의 공동 개발 및 개선 활동 수립
– 제공자와 파트너에 의한 개선과 성과를 격려하고 인정

(d) **방법**

- 단기/장기 균형
- 전문 지식 모음, 정보를 공유
- 더 나은 의사소통
- 공동의 노력
- 상호 존중 및 인정

(e) **달성점**

- 개선 지원
- 더 좋은 의사결정, 결과

3. 프로세스 접근법

❙ 3.1 일반사항

이 표준은 고객 요구사항을 충족함으로써 고객만족을 증진시키기 위하여, 품질경영시스템의 효과성을 개발, 실행 및 개선시키고자 할 때 프로세스 접근법의 채택을 권장한다. 프로세스 접근법의 채택에 필수적으로 고려되어야 할 특정 요구사항은 4.4에 포함되어 있다.

상호 관련된 프로세스를 하나의 시스템으로 이해하고 관리하는 것은, 조직이 의도한 결과를 달성하는 데 있어서 조직의 효과성과 효율성에 기여한다. 이 접근법을 통하여 조직은 시스템의 프로세스 간 상호 관련성과 상호 의존성을 관리할 수 있으므로 조직의 전반적인 성과가 증진될 수 있다.

조직의 품질방침과 전략적 방향에 따라 의도한 결과를 달성하기 위하여, 프로세스 접근법에는 프로세스의 체계적인 정의와 관리, 그리고 프로세스의 상호작용이 포함된다. 프로세스와 전체적인 시스템의 관리는, 기회의 이점 활용과 바람직하지 않은 결과의 예방을 목표로 하는 리스크 기반 사고(0.3.3 참조)에 전반적인 중점을 두고 PDCA 사이클(0.3.2 참조)을 활용함으로써 달성될 수 있다.

품질경영시스템에서 프로세스 접근법을 적용하면, 다음 사항이 가능하다.

(a) 요구사항 충족의 이해와 일관성

(b) 가치부가 측면에서 프로세스의 고려

(c) 효과적인 프로세스 성과의 달성

(d) 데이터와 정보의 평가에 기반을 둔 프로세스의 개선

아래 그림은 모든 프로세스의 도식적 표현이며, 프로세스 요소의 상호 작용을 보여 준다. 관리(control)를 위해 필요한 모니터링과 측정의 점검 항목은 각 프로세스에 따라 독특하고, 관련된 리스크에 따라 달라질 것이다.

[단일 프로세스의 요인에 대한 도식적 표현]

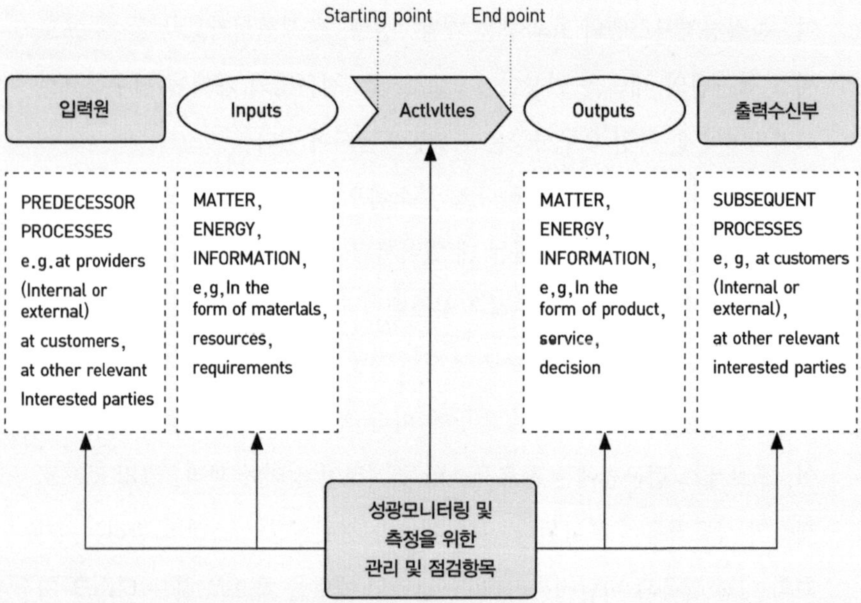

1) 프로세스 매니지먼트의 유래

- 마이클 해머 박사에 의해 제안된 리엔지니어링 이론의 핵심이 프로세스 매니지먼트이다.
- 프로세스 매니지먼트란 조직이 조직의 핵심 프로세스를 파악하고 파

악된 핵심 프로세스 간의 순서와 상호 관계를 관리하고 이러한 핵심 프로세스에 조직의 효율을 극대화하는 관리기법이다.

- ISO 9000 패밀리 규격의 핵심 관리기법이 바로 프로세스 매니지먼트이다.

2) 프로세스(Process)란?

의도된 결과를 만들어 내기 위해 입력을 사용하여 상호 관련되거나 상호 작용하는 활동의 집합(ISO 9000:2015)을 말한다.

[비고 1] 프로세스의 "의도된 결과"는 출력, 제품 또는 서비스 중 무엇인지는 내용의 문맥에 따른다.

[비고 2] 프로세스에 대한 입력은 일반적으로 다른 프로세스의 출력이고, 프로세스의 출력은 일반적으로 다른 프로세스의 입력이다.

[비고 3] 연속된 둘 또는 그 이상의 상호 관련되거나 상호 작용하는 연속되는 프로세스도 하나의 프로세스로 볼 수 있다.

[비고 4] 조직의 프로세스는 가치를 부가하기 위하여, 일반적으로 관리된 조건하에서 계획되고 수행된다.

[비고 5] 결과로 산출된 출력의 적합성이 즉시, 또는 경제적으로 실현성을 확인할 수 없는 프로세스를 흔히 "특별 프로세스"라 한다.

3) 시스템, 프로세스, 절차의 정의(ISO 9000:2005)

- 시스템 : 상호 관련되거나 상호 작용하는 요소들의 집합
- 프로세스 : 의도된 결과를 만들어 내기 위해 입력을 사용하여 상호 관련되거나 상호작용하는 활동의 집합
- 절차 : 활동 또는 프로세스(3.4.1)를 수행하기 위하여 규정된 방식

● [비고] 절차는 문서화될 수도 있고 문서화되지 않을 수도 있다.

4) 절차, 프로세스, 시스템의 상호관계

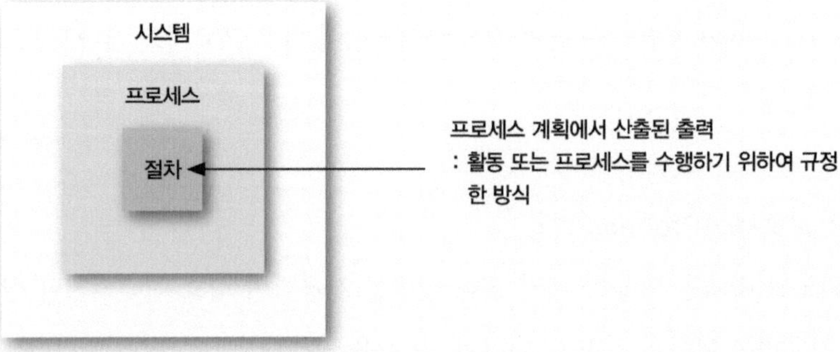

5) 절차(서)와 프로세스

절사[서]	프로세스
절차는 과업의 완수를 목적으로 한다.	프로세스는 원하는 출력 달성을 목적으로 한다.
절하는 과업을 수행하는 연속적인 단계로 정의된다.	프로세스는 자원을 사용하여 입력을 출력으로 변환한다. [출력이 없으면 존재가치가 없는 프로세스이다.]
절차는 실행되고 완수된다.	프로세스는 운용된다.
절차의 단계는 서로 다른 목표를 가지고, 다른 부서에서 다른 인원에 의해 완성된다.	프로세스의 단계는 같은 목표를 가지고, 다른 인원에 의해 완성된다. 부서와는 무관하다.
절차는 규칙을 준수하는데 초점을 둔다.	프로세스는 이해관계자의 만족에 초점을 둔다.
절차는 정보를 Processing 하는데 이용될 수 있다.	정보는 절차를 이용하여 프로세싱 된다.
지시와 통제	능력, 동기부여, 자원등을 통한 출력실현

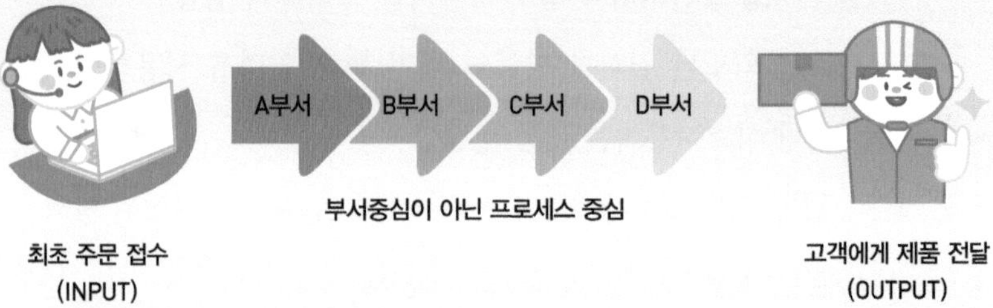

7) 프로세스 개선

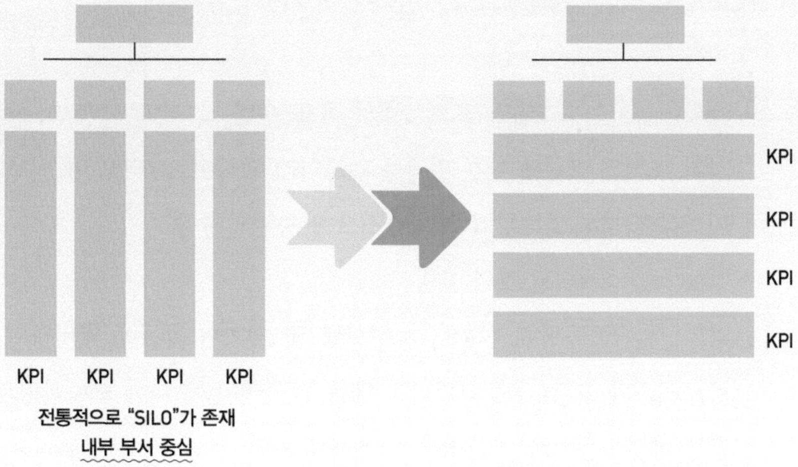

▎3.2 계획-실행-검토-조치 사이클

PDCA(Plan-Do-Check-Act) 사이클은 모든 프로세스와 품질경영시스템 전체에 적용될 수 있다. 다음 그림은 4절에서 10절까지 PDCA 사이클과 관련하여 어떻게 그룹을 이룰 수 있는지를 보여 준다.

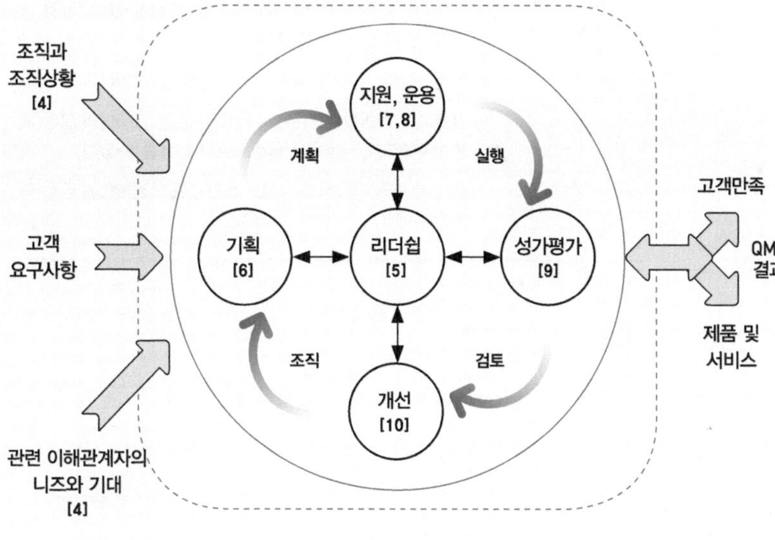

1) PDCA 사이클이란?

PDCA 사이클은 개략적으로 다음과 같이 기술될 수 있다.

- 계획(Plan) : 시스템과 프로세스의 목표 수립, 그리고 고객 요구사항과 조직의 방침에 따른 결과를 인도하기 위하여, 그리고 리스크와 기회를 식별하고 다루기 위하여 필요한 자원의 수립
- 실행(Do) : 계획된 것의 실행
- 검토(Check) : 방침, 목표, 요구사항 및 계획된 활동에 대비하여, 프로세스와 그 결과로 나타나는 제품 및 서비스에 대한 모니터링과 측정(해당되는 경우), 그리고 그 결과의 보고
- 조치(Act) : 필요에 따라 성과를 개선하기 위한 활동

2) 경영표준의 구조와 PDCA 관계

<table>
<tr><th>단계</th><th>ISO9001:
2015 요구사항</th><th>해설</th></tr>
<tr><td>Plan</td><td>4. 조직의 상황
5. 리더쉽
6. 기획
7. 지원</td><td rowspan="4">(1) PDCA는 조직의 각각의 프로세스와 그 상호작용 내에서 전개될 수 있는 역동 적인 방법론이다.
(2) 기획, 실행, 검증 및 개선과 밀접하게 연관되어 있다.
(3) 프로세스 성과를 유지하고 개선하는 것은 조직내의 모든 계층에서 PDCA 개념을 적용함으로써 달성될 수 있다.
(4) 상위 수준의 전략적 프로세스와 단순한 운영활동에 공히 적용될 수 있다.</td></tr>
<tr><td>Do</td><td>8. 운용</td></tr>
<tr><td>Check</td><td>9. 성과평가</td></tr>
<tr><td>Act</td><td>10. 개선</td></tr>
</table>

3) PDCA의 유래

PDCA 사이클의 기원은 1920년대 통계전문가인 월터 A 슈하르트의 'Plan(계획)-Do(실행)-See(확인)'로부터 시작되었다. 그 후 TQM 전문가인 통계학자 에드워드 W 데밍이 'Plan-Do-Check-Act'로 수정하여 '데밍사

이클'이라고 부르는 반복적 4단계의 논리적 과정으로 이루어진 품질개선 방법이다.

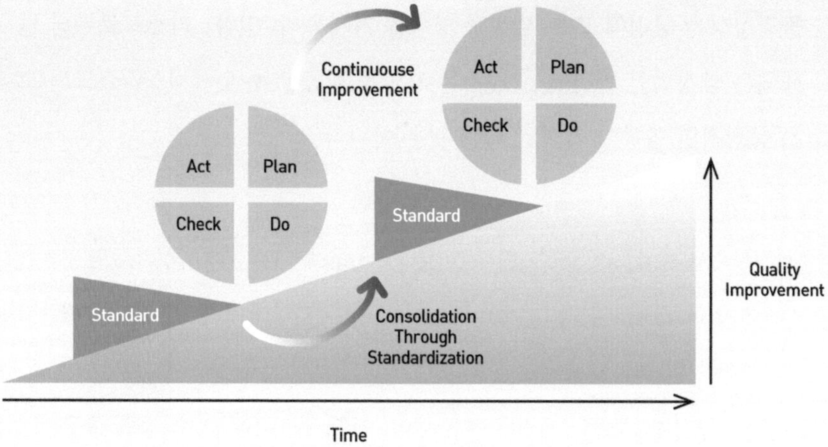

❙ 3.3 리스크 기반 사고

리스크 기반 사고(A.4 Risk-based thinking 참조)는 효과적인 품질경영시스템을 달성하기 위하여 필수적이다. 리스크 기반 사고의 개념은 이 표준의 이전 판에 내포되어 있다. 예를 들면, 잠재적 부적합을 제거하기 위한 예방조치의 수행, 발생하는 모든 부적합의 분석, 그리고 부적합의 영향에 적절한 재발 방지 조치를 포함한다.

이 표준의 요구사항에 적합하도록, 조직은 리스크와 기회를 다루기 위한 조치를 계획하고 실행할 필요가 있다. 리스크와 기회 모두를 다루는 것은, 품질경영시스템의 효과성 증진, 개선된 결과 달성 및 부정적 영향 예방을 위한 기반을 확립하는 것이다.

기회는 의도한 결과를 달성하기에 유리한 상황(situation)의 결과로 나타날 수 있는데, 예를 들면 조직이 고객을 유치하고, 새로운 제품 및 서비스를 개발하며, 낭비를 감소시키거나 생산성을 개선하도록 하는 상황(circumstance)의 집합이다. 기회를 다루기 위한 조치에는 연관된 리스크의 고려도 포함될 수 있다. 리스크는 불확실성의 영향이며, 그러한 모든 불확실성은 긍정적 또는 부정적 영향을 가져올 수 있다. 리스크로부터 발생되는 긍정적인 변경(deviation)은 기회를 제공할 수 있으나, 리스크의 모든 긍정적인 영향이 기회로 되는 것은 아니다.

[부속서 A.4] 리스크 기반 사고(Risk-based thinking)(기존 본문에 있던 글보다 뒤의 [부속서]에서 적고 있는 글이 훨씬 읽기에 좋아 대체한 것입니다. 내용은 동일합니다.)

리스크 기반 사고의 개념은 예를 들어, 기획, 검토 및 개선에 대한 요구사항을 통하여 이 표준의 이전 판에도 암시되어 있었다. 조직이 조직상황(4.1 참조)을 이해하여, 기획(6.1 참조)을 위한 기반으로 리스크를 정하는 요구사항이 이 표준에 규정되어 있다. 이는 품질경영시스템 프로세스(4.4 참조)의 기획과 실행에 리스크 기반 사고가 적용됨을 나타내며, 문서화된 정보의 범위 결정에 도움이 될 것이다.

품질경영시스템의 핵심 목적 중 하나는 예방 도구로 활용하는 것이다. 결과적으로 이 표준에는 예방조치에 대한 별도의 항 또는 세부 항이 없다. 예방조치의 개념은 품질경영시스템요구사항으로 나타낼 때 리스크 기반 사고를 통하여 표현되었다.

이 표준에 적용된 리스크 기반 사고를 통하여 규범적인 요구사항을 감소시킬 수 있었으며, 성과기반의 요구사항으로 대체할 수 있었다. 프로세스, 문서화된 정보 및 조직의 책임에 대한 요구사항에는 ISO 9001:2008보다 더 큰 유연성이 있다.

비록 6.1에서 조직이 리스크를 다루기 위한 활동을 기획하여야 한다고 규정하고 있지만, 리스크 관리를 위한 공식적인 방법 또는 문서화된 리스크 관리 프로세스에 대한 요구사항은 없다. 조직은 예를 들어, 다른 가이던스나 표준의 적용을 통하여, 이 표준에서 요구하는 것보다 더 확장된 리스크 관리 방법론의 개발 여부를 결정할 수 있다. 품질경영시스템의 모든 프로세스가, 목표를 충족시키는 조직의 능력에 관하여 같은 수준의 리스크를 나타내는 것은 아니며, 불확실성의 영향이 모든 조직에서 동일하지 않다. 6.1의 요구사항에 따라, 조직은 리스크 결정의 증거로서, 문서화된 정보의 보유 여부를 포함하여 리스크 기반 사고의 적용과 리스크를 다루기 위해 취해지는 조치에 대한 책임이 있다.

0.4 기타 경영시스템 표준과의 관계

이 표준은 경영시스템을 위한 표준 간의 정렬을 개선하기 위하여 ISO에서 개발된 틀을 적용한다(A.1 참조).

이 표준을 통하여 조직은 PDCA 사이클과 리스크 기반 사고에 연계된 프로세스 접근법을 사용할 수 있고, 조직의 경영시스템을 기타 경영시스템 표준의 요구사항과 정렬하거나 통합할 수 있다.

1) KS Q ISO 9000과 KS Q ISO 9004와의 관계

이 표준은 KS Q ISO 9000과 KS Q ISO 9004에 다음과 같이 관련된다.

- KS Q ISO 9000(품질경영시스템: 기본사항과 용어)은 이 표준의 올바른 이해와 실행을 위한 필수적인 배경을 제공한다.

- KS Q ISO 9004(조직의 지속적인 성공을 위한 경영: 품질경영 접근법)는 이 표준의 요구사항을 넘어서는 발전을 선택한 조직을 위한 가이던스를 제공한다.

2) ISO 9000 : 2015 패밀리 표준의 관계

ISO 9000 : 2015 패밀리 표준은 효과적인 품질경영시스템을 실행 및 운영하기 위하여 조직의 형태 및 규모와 관계없이 조직에 도움이 될 수 있도록 되었다.

- ISO 9000은 품질경영시스템에 대한 기본사항을 서술하고, 품질경영시스템에 대한 용어를 규정한다.
- ISO 9001은 조직이 고객 요구사항 및 적용되는 법적 및 규제적 요구사항과 고객만족을 증진시키기 위한 목표를 충족하는 제품을 제공하는 조직의 능력을 실증하는데 필요한 경우의 품질경영시스템에 대한 요구사항을 규정한다.
- ISO 9004는 품질경영시스템의 효과성 및 효율성 모두를 고려하는 지침을 제공한다. 이 표준의 목표는 조직의 성과 개선과 고객 만족 및 기타 이해관계자의 만족이다.
- ISO 19011은 경영시스템 심사에 대한 지침을 제공한다.

이들 표준은 국내 및 국제무역에서 상호이해를 촉진하는 일련의 일관성 있는 품질 경영시스템 표준을 형성한다.

부속서 B에는 ISO/TC 176이 개발한 품질경영과 품질경영시스템에 관한 기타 표준의 세부사항이 제공된다. 이 표준에는, 환경경영, 안전보건경영 또는 재무경영과 같은 기타 경영시스템의 특정 요구사항이 포함되지 않는다.

이 표준의 요구사항을 기반으로 하는 특정 부문(sector-specific)의 품질경영시스템 표준이 여러 부문을 위하여 개발되어 왔다. 이 중 몇몇 표준은 추가적인 품질경영시스템 요구사항을 규정하는 반면, 나머지 표준은 특별한 부문 내에서 이 표준의 적용에 대한 가이던스를 제공하는 것으로 한정된다.

1.
적용범위

1) 요구사항의 규정

이 표준은 다음과 같은 경우, 조직의 품질경영시스템에 대한 요구사항을 규정한다.

(a) 조직이, 고객 요구사항과 적용되는 법적 및 규제적 요구사항을 충족하는 제품 및 서비스를 일관성 있게 제공하는 능력을 실증할 니즈가 있는 경우

(b) 조직이, 시스템 개선을 위한 프로세스를, 그리고 고객 요구사항과 적용되는 법적 및 규제적 요구사항에 적합함을 보증하기 위한 프로세스를 포함하는, 시스템의 효과적인 적용을 통하여 고객만족을 증진시키고자 하는 경우 이 표준의 모든 요구사항은 일반적이며, 조직의 형태, 규모 또는 제공되는 제품 및 서비스에 관계없이 모든 조직에 적용될 수 있다.

- [비고 1] 이 표준에서 “제품” 또는 “서비스”라는 용어는 고객을 위해 의도되거나, 고객에 의해 요구된 제품 및 서비스에만 적용된다.
- [비고 2] 법적 및 규제적 요구사항은 법률적(legal) 요구사항으로도 표현될 수 있다.

[부속서 A.2] 제품 및 서비스

KS Q ISO 9001:2015에서는 모든 출력 범주(category)를 포함하기 위하여 "제품"이라는 용어를 사용하였다. 이 표준에서는 "제품 및 서비스"를 사용한다. "제품 및 서비스"라는 용어는 모든 출력 범주(하드웨어, 서비스, 소프트웨어 및 연속 집합재/가공물질)를 포함한다.

"서비스"를 특정하여 포함한 것은, 몇몇 요구사항 적용 시 제품과 서비스 차이를 강조하기 위한 것이다. 서비스의 특성은 적어도 출력의 일부는 고객과의 접점에서 실현된다는 것이다. 이것은 예를 들면, 요구사항의 적합성이 서비스 인도 이전에 반드시 확인될 수 있는 것은 아니라는 것을 의미한다.

대부분의 경우, "제품"과 "서비스"는 함께 사용된다. 조직이 고객에게 제공하거나, 외부공급자가 조직에 공급하는 대부분의 출력은 제품 및 서비스 모두를 포함한다. 예를 들면, 유형 또는 무형의 제품은 몇몇 연관된 서비스를 가질 수 있고, 서비스는 몇몇 관련 유형 또는 무형의 제품을 가질 수 있다.

2) 제품의 정의

조직(3.2.1)과 고객(3.2.4)간에 어떠한 행위/거래/처리(transaction)도 없이 생산될 수 있는 조직의 출력(3.7.5)

- [비고 1] 제품의 생산은 공급자(3.2.5)와 고객 간의 필연적으로 일어나는 어떠한 행위도 없이 달성되나, 종종 이것에 고객에게 제품을 인도하는 서비스(3.7.7) 요소를 포함할 수

있다.

- [비고 2] 제품의 지배적인 요소는 일반적으로 유형적이라는 것이다.
- [비고 3] 하드웨어는 유형적이며 그 양은 셀 수 있는 속성(3.10.1)이 있다(예: 타이어). 가공 물질은 유형적이며 그 양은 연속되는 속성이다(예: 연료, 음료수). 하드웨어와 가공 물질은 흔히 상품이라 불린다. 소프트웨어는 전달매체(예: 컴퓨터 프로그램, 모바일 폰 앱, 지침서, 사전내용, 뮤지컬 작곡 저작권, 면허증)와 상관없이 정보(3.8.2)로 구성되어 있다.

2.
인용표준

다음의 인용표준은 전체 또는 부분적으로 이 표준의 적용을 위해 필수적이다.

발행연도가 표기된 인용표준은 인용된 판만을 적용한다.

발행연도가 표기되지 않은 인용표준은 최신판(모든 추록을 포함)을 적용한다.

KS Q ISO 9000:2015, 품질경영시스템 – 기본사항과 용어

3.
용어와 정의

이 표준의 목적을 위하여 KS Q ISO 9000:2015에 제시된 용어와 정의를 적용한다.

[부속서 A.1] 구조와 용어

조항의 구조와 이 표준에서 개정된 몇몇의 용어는 이전 개정된 ISO 9001:2008과 비교하여, 기타 다른 경영시스템 요구사항에 대한 일관성을 개선하기 위하여 변경되었다. 조직의 품질경영시스템의 문서화된 정보에 이 국제표준 안에서 구조와 용어를 적용하라는 요구사항은 없다.

조항의 구조는 문서화된 조직의 방침, 목표 그리고 프로세스의 모델보다 요구사항의 일관성 제시를 제공하기 위하여 의도되었다. 품질경영시스템에 관련된 문서화된 정보의 구조와 내용은 만약 조직과 다른 목적을 위한 정보 유지에 의한 프로세스 운영에 연관된다면 이는 사용자에 자주 그리고 더욱 관련이 있을 수 있다.

품질경영시스템요구사항에 조직이 사용하고 있는 용어를 이 국제표준에서 사용된 용어로 대체해야 한다는 요구사항은 없다. 조직은 조직의 운영(예: 문서화된 정보보다 기록, 문서화 또는 의정서 또는 외부 제공자보다 공급자, 파트너 또는 거래처)에 적합한 용어를 선택할 수 있다.

아래 [표 A.1]은 이전 표준과 이 국제표준 사이에서 중점적으로 변경된 용어를 보여 준다.

[표 A.1] ISO 9001:2008과 ISO 9001:2015 사이에서 변경된 용어의 중요 차이점

ISO 9001:2008	ISO 9001:2015
제품 / Products	제품 및 서비스 / Products and services
적용 제외/ Exclusions	사용되지 않음 (적용 가능성에 대해서 설명되지 않음 A.5 참조)
경영대리인 / Management representative	사용되지 않음 (유사한 책임 및 권한이 부여되지만, 단독의 경영대리인에 대한 요구사항은 없음)
문서화, 품질메뉴얼, 문서화된 절차, 기록	문서화된 정보
업무환경	프로세스 운용 환경
모니터링 및 측정장비	모니터링 및 측정자원
구매한 제품	외부 제공 제품 및 서비스
공급자	외부 공급자

• 용어의 구성

ISO 9000: 2015에서 정의하는 138개 용어.

- 3.1 사람 또는 인원과 관련된 개념(6개 항목) *
- 3.2 조직과 관계된 개념(9개 항목)
- 3.3 활동과 관계된 개념(13개 항목) *
- 3.4 프로세스와 관계된 개념(8개 항목)
- 3.5 시스템과 관계된 개념(12개 항목) *
- 3.6 대상과 관계된 개념(15개 항목) *
- 3.7 결과와 관련된 개념(11개 항목) *
- 3.8 데이터, 정보 및 문서와 관련된 개념(15개 항목)

- 3.9 고객과 관련된 개념(6개 항목)
- 3.10 특성과 관련된 개념(7개 항목)
- 3.11 확인결정과 관련된 개념(9개 항목) *
- 3.12 조치와 관련된 개념(10개 항목) *
- 3.13 심사와 관련된 개념(17개 항목)

● [비고] *표시는 ISO9000:2015에서 변경된 부분이다.

• 공통 용어

Annex SL 부속서 2에서 정의된 21개 용어.

- 조직(Organization)
- 최고경영자(Top management)
- 방침(Policy)
- 리스크(Risk)
- 프로세스(Process)
- 외주처리(Outsource)
- 측정(Measurement)
- 시정조치(Corrective action)
- 지속적 개선(Continual improvement)
- 문서화된 정보(Documented Information)
- 이해관계자(Interested Party)
- 경영 시스템(Management system)
- 효과성(Effectiveness)
- 역량/적격성(Competence)
- 요구사항(Requirement)
- 모니터링(Monitoring)

- 심사(Audit)
- 부적합(Nonconformity)
- 목표(Objective)
- 성과(Performance)
- 적합(Conformity)

● [비고] ANNEX SL에서 정의하는 공통용어는 통합시스템을 구현하기 위해 정의되었다.

ISO9000:2015에서 정의하는 138개 용어를 살펴보면 다음과 같다.

❙ 3.1 사람 또는 인원과 관련된 개념

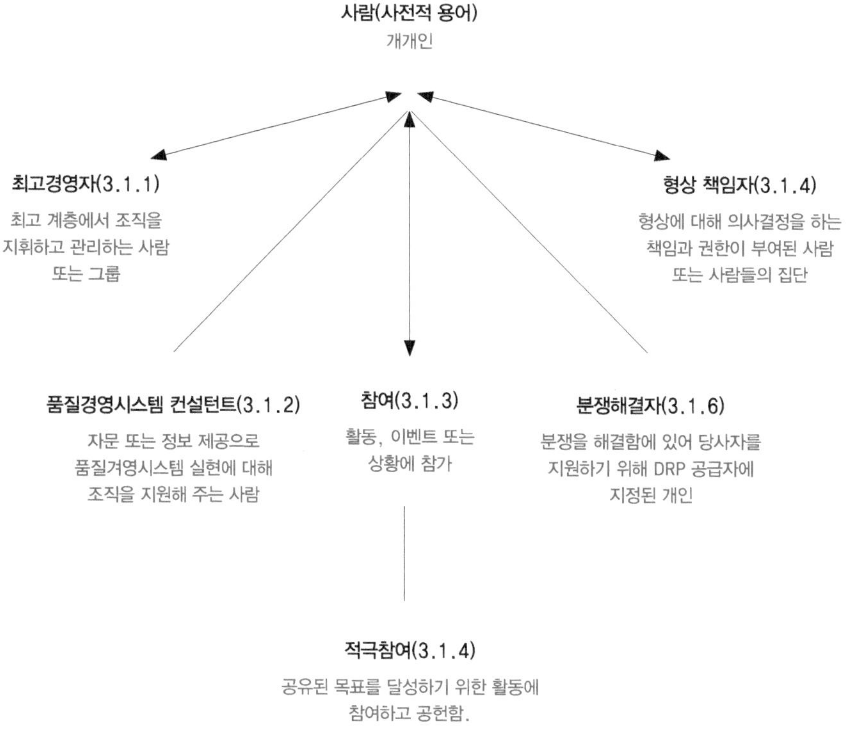

3.2 조직과 관계된 개념

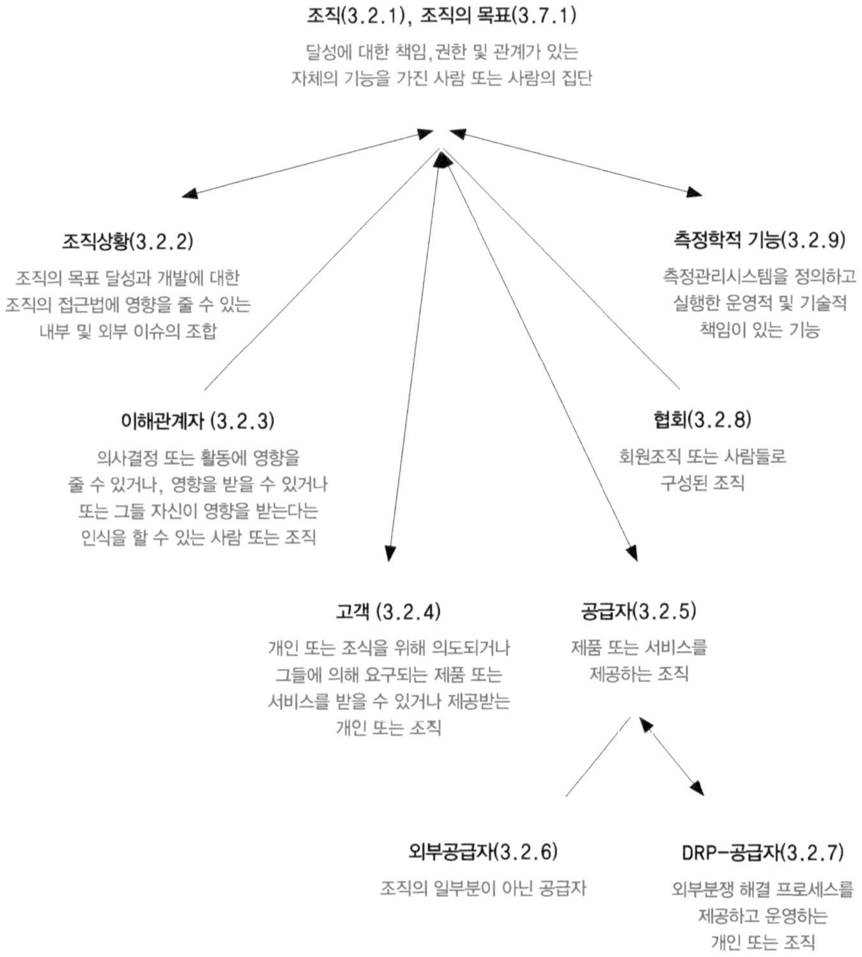
조직(3.2.1), 조직의 목표(3.7.1)
달성에 대한 책임, 권한 및 관계가 있는
자체의 기능을 가진 사람 또는 사람의 집단
조직상황(3.2.2)
조직의 목표 달성과 개발에 대한
조직의 접근법에 영향을 줄 수 있는
내부 및 외부 이슈의 조합
측정학적 기능(3.2.9)
측정관리시스템을 정의하고
실행한 운영적 및 기술적
책임이 있는 기능
이해관계자 (3.2.3)
의사결정 또는 활동에 영향을
줄 수 있거나, 영향을 받을 수 있거나
또는 그들 자신이 영향을 받는다는
인식을 할 수 있는 사람 또는 조직
협회(3.2.8)
회원조직 또는 사람들로
구성된 조직
고객 (3.2.4)
개인 또는 조식을 위해 의도되거나
그들에 의해 요구되는 제품 또는
서비스를 받을 수 있거나 제공받는
개인 또는 조직
공급자(3.2.5)
제품 또는 서비스를
제공하는 조직
외부공급자(3.2.6)
조직의 일부분이 아닌 공급자
DRP-공급자(3.2.7)
외부분쟁 해결 프로세스를
제공하고 운영하는
개인 또는 조직

3.3 활동과 관계된 개념

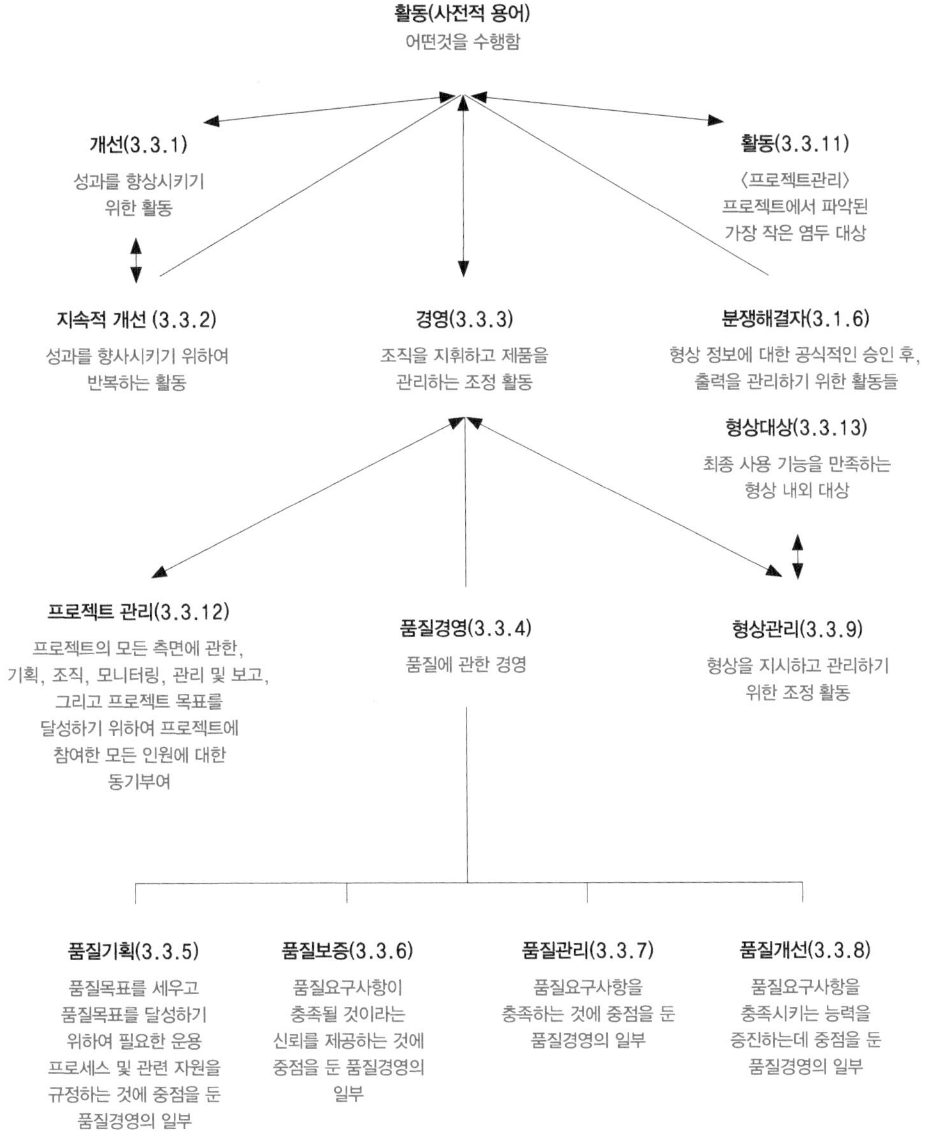

활동(사전적 용어)
어떤것을 수행함
개선(3.3.1)
성과를 향상시키기
위한 활동
활동(3.3.11)
〈프로젝트관리〉
프로젝트에서 파악된
가장 작은 염두 대상
지속적 개선 (3.3.2)
성과를 향사시키기 위하여
반복하는 활동
경영(3.3.3)
조직을 지휘하고 제품을
관리하는 조정 활동
분쟁해결자(3.1.6)
형상 정보에 대한 공식적인 승인 후,
출력을 관리하기 위한 활동들
형상대상(3.3.13)
최종 사용 기능을 만족하는
형상 내외 대상
프로젝트 관리(3.3.12)
프로젝트의 모든 측면에 관한,
기획, 조직, 모니터링, 관리 및 보고,
그리고 프로젝트 목표를
달성하기 위하여 프로젝트에
참여한 모든 인원에 대한
동기부여
품질경영(3.3.4)
품질에 관한 경영
형상관리(3.3.9)
형상을 지시하고 관리하기
위한 조정 활동
품질기획(3.3.5)
품질목표를 세우고
품질목표를 달성하기
위하여 필요한 운용
프로세스 및 관련 자원을
규정하는 것에 중점을 둔
품질경영의 일부
품질보증(3.3.6)
품질요구사항이
충족될 것이라는
신뢰를 제공하는 것에
중점을 둔 품질경영의
일부
품질관리(3.3.7)
품질요구사항을
충족하는 것에 중점을 둔
품질경영의 일부
품질개선(3.3.8)
품질요구사항을
충족시키는 능력을
증진하는데 중점을 둔
품질경영의 일부

3.4 프로세스와 관계된 개념

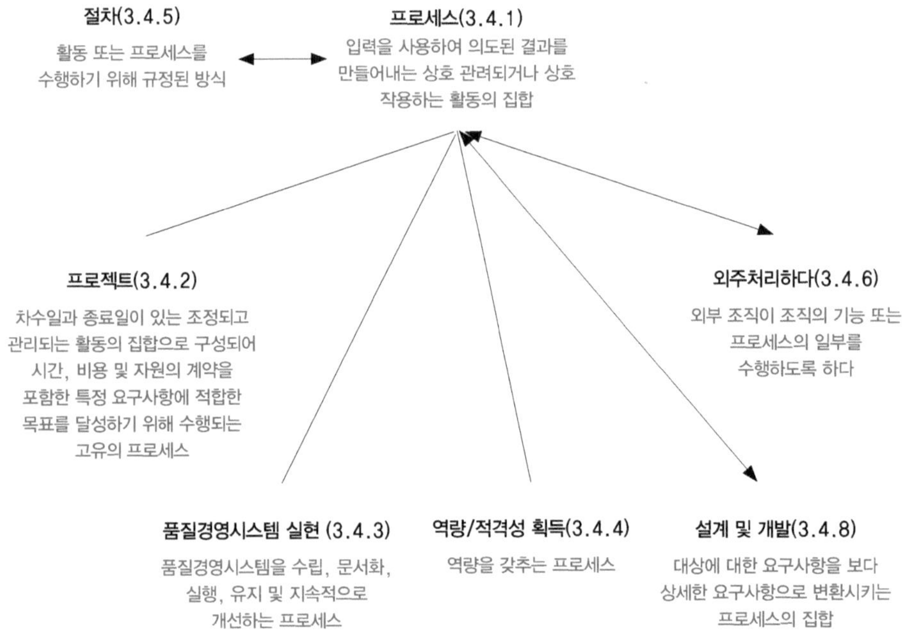

3.5 시스템과 관계된 개념

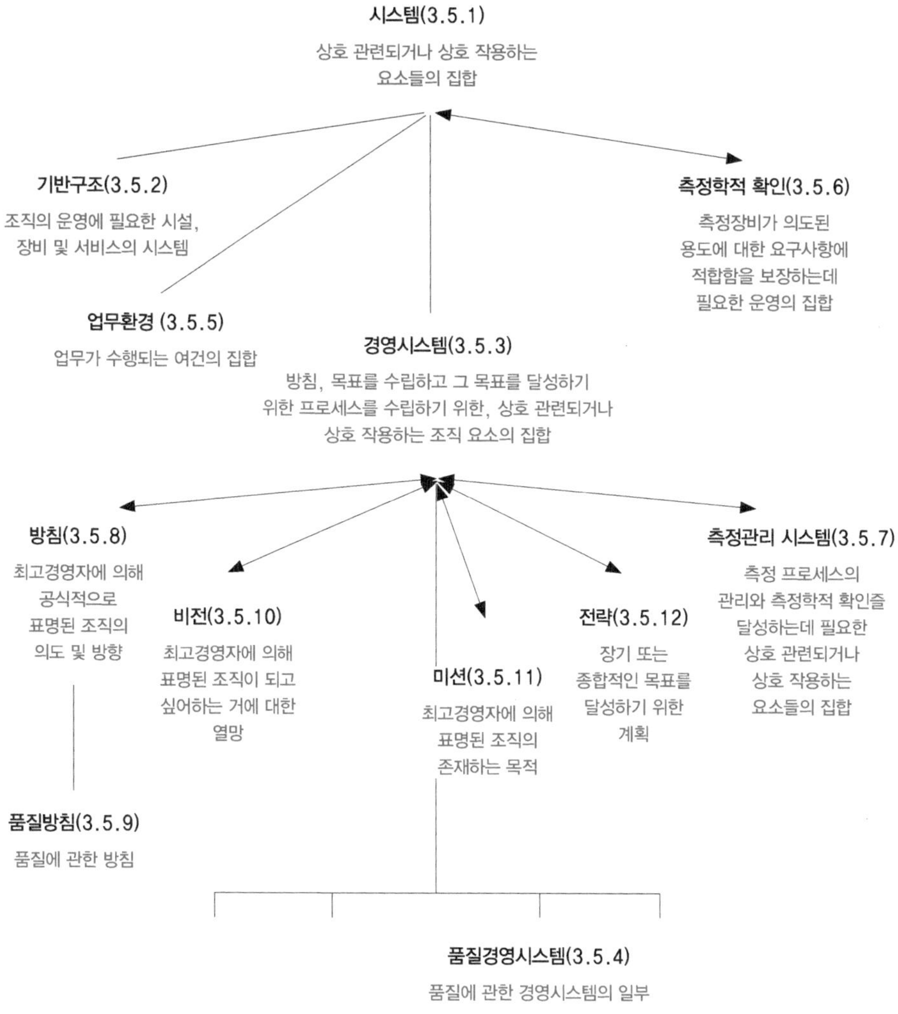

3.6 대상과 관계된 개념

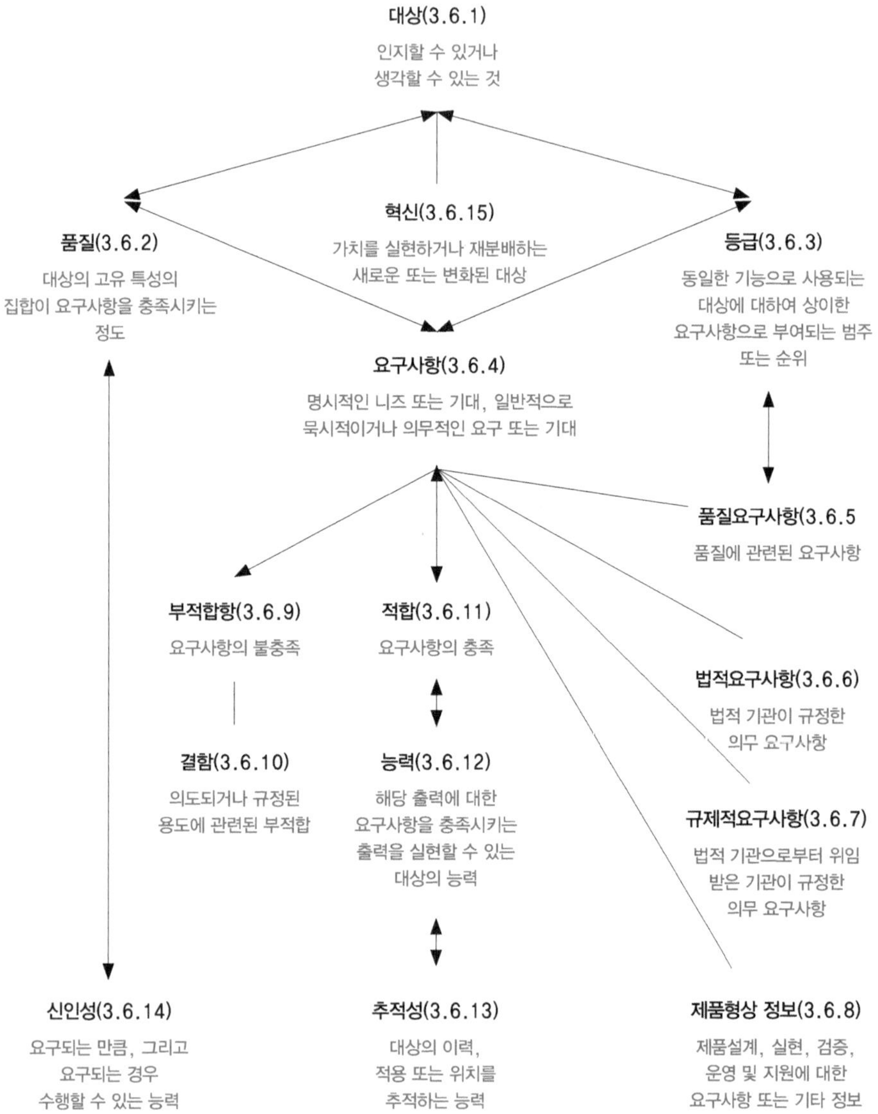
대상(3.6.1)
인지할 수 있거나
생각할 수 있는 것
혁신(3.6.15)
가치를 실현하거나 재분배하는
새로운 또는 변화된 대상
품질(3.6.2)
대상의 고유 특성의
집합이 요구사항을 충족시키는
정도
등급(3.6.3)
동일한 기능으로 사용되는
대상에 대하여 상이한
요구사항으로 부여되는 범주
또는 순위
요구사항(3.6.4)
명시적인 니즈 또는 기대, 일반적으로
묵시적이거나 의무적인 요구 또는 기대
품질요구사항(3.6.5
품질에 관련된 요구사항
부적합항(3.6.9)
요구사항의 불충족
적합(3.6.11)
요구사항의 충족
법적요구사항(3.6.6)
법적 기관이 규정한
의무 요구사항
결함(3.6.10)
의도되거나 규정된
용도에 관련된 부적합
능력(3.6.12)
해당 출력에 대한
요구사항을 충족시키는
출력을 실현할 수 있는
대상의 능력
규제적요구사항(3.6.7)
법적 기관으로부터 위임
받은 기관이 규정한
의무 요구사항
신인성(3.6.14)
요구되는 만큼, 그리고
요구되는 경우
수행할 수 있는 능력
추적성(3.6.13)
대상의 이력,
적용 또는 위치를
추적하는 능력
제품형상 정보(3.6.8)
제품설계, 실현, 검증,
운영 및 지원에 대한
요구사항 또는 기타 정보

❙ 3.7 결과와 관련된 개념

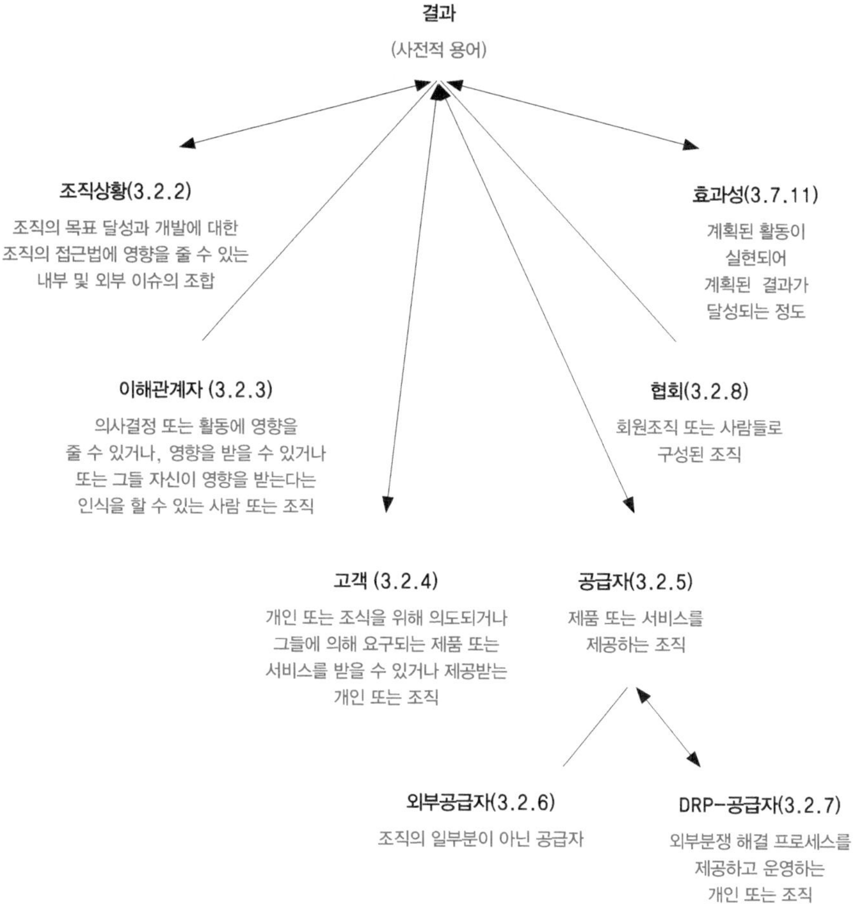

결과
(사전적 용어)
조직상황(3.2.2)
조직의 목표 달성과 개발에 대한
조직의 접근법에 영향을 줄 수 있는
내부 및 외부 이슈의 조합
효과성(3.7.11)
계획된 활동이
실현되어
계획된 결과가
달성되는 정도
이해관계자 (3.2.3)
의사결정 또는 활동에 영향을
줄 수 있거나, 영향을 받을 수 있거나
또는 그들 자신이 영향을 받는다는
인식을 할 수 있는 사람 또는 조직
협회(3.2.8)
회원조직 또는 사람들로
구성된 조직
고객 (3.2.4)
개인 또는 조식을 위해 의도되거나
그들에 의해 요구되는 제품 또는
서비스를 받을 수 있거나 제공받는
개인 또는 조직
공급자(3.2.5)
제품 또는 서비스를
제공하는 조직
외부공급자(3.2.6)
조직의 일부분이 아닌 공급자
DRP-공급자(3.2.7)
외부분쟁 해결 프로세스를
제공하고 운영하는
개인 또는 조직

3.8 데이터, 정보 및 문서와 관련된 개념

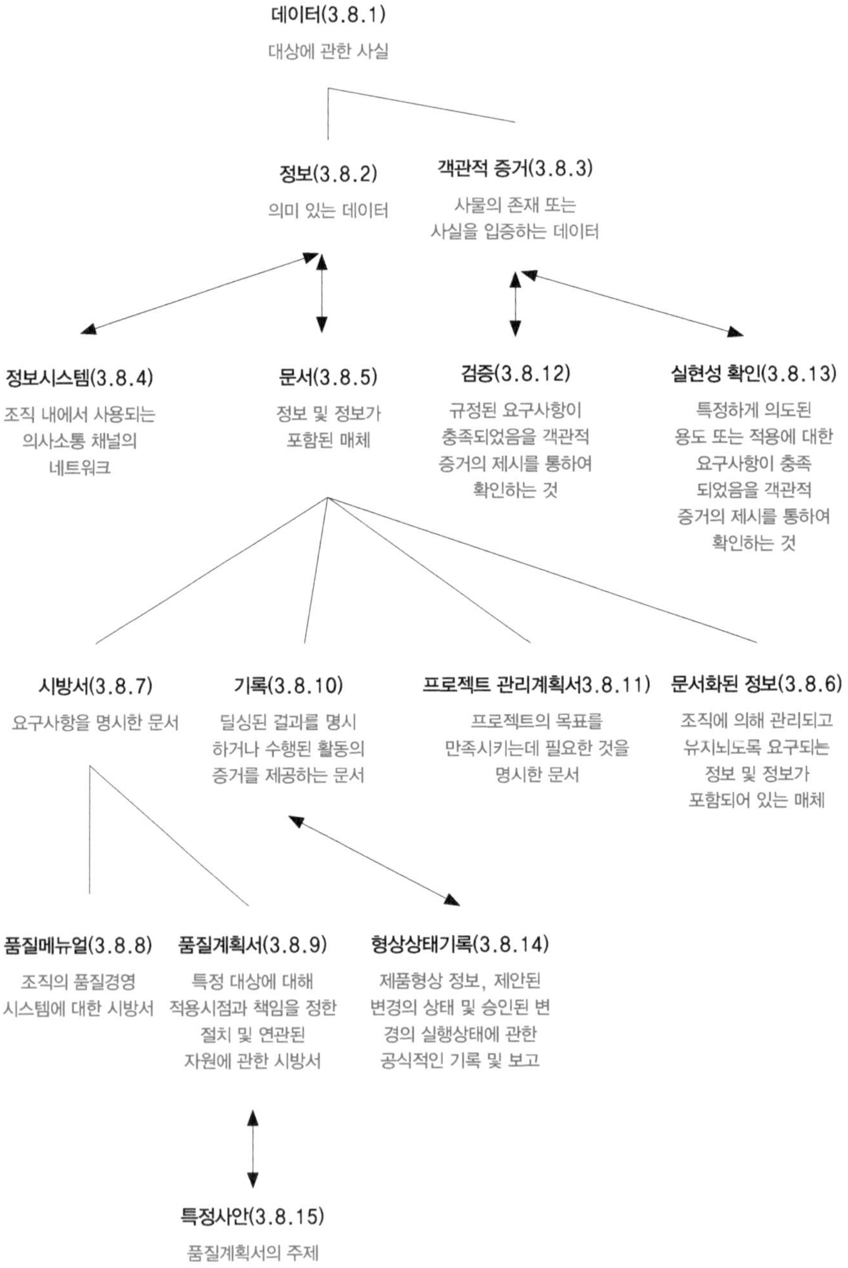

▍3.9 고객과 관련된 개념

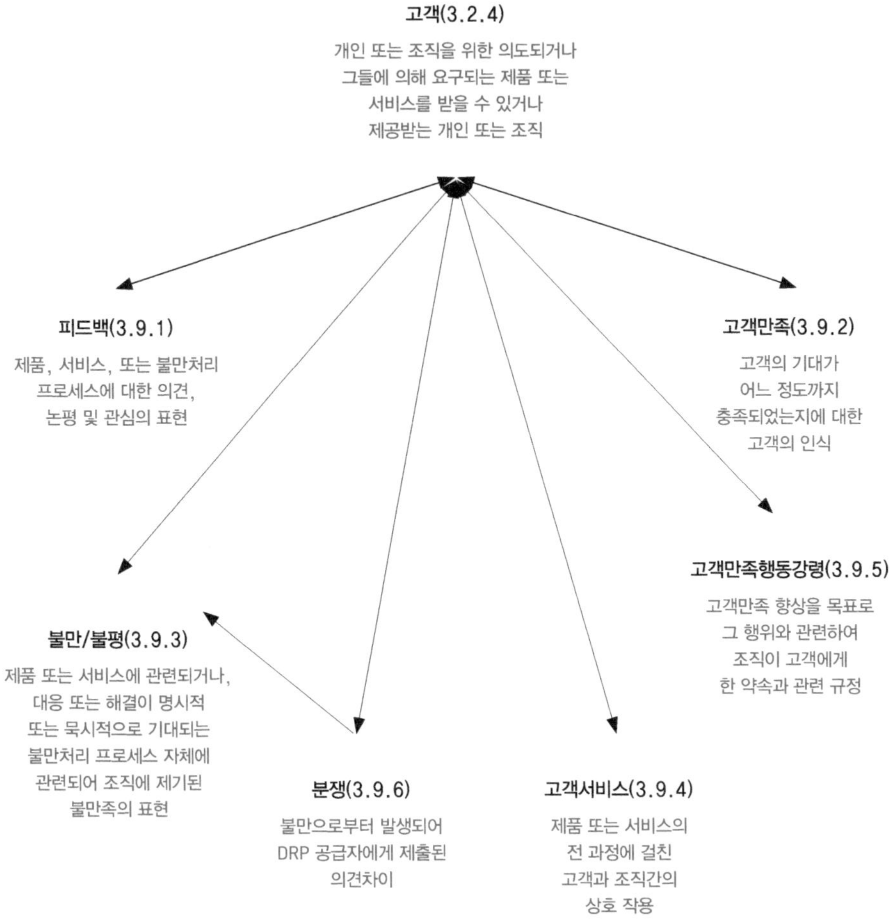
고객(3.2.4)
개인 또는 조직을 위한 의도되거나
그들에 의해 요구되는 제품 또는
서비스를 받을 수 있거나
제공받는 개인 또는 조직
피드백(3.9.1)
제품, 서비스, 또는 불만처리
프로세스에 대한 의견,
논평 및 관심의 표현
고객만족(3.9.2)
고객의 기대가
어느 정도까지
충족되었는지에 대한
고객의 인식
고객만족행동강령(3.9.5)
고객만족 향상을 목표로
그 행위와 관련하여
조직이 고객에게
한 약속과 관련 규정
불만/불평(3.9.3)
제품 또는 서비스에 관련되거나,
대응 또는 해결이 명시적
또는 묵시적으로 기대되는
불만처리 프로세스 자체에
관련되어 조직에 제기된
불만족의 표현
분쟁(3.9.6)
불만으로부터 발생되어
DRP 공급자에게 제출된
의견차이
고객서비스(3.9.4)
제품 또는 서비스의
전 과정에 걸친
고객과 조직간의
상호 작용

3.10 특성과 관련된 개념

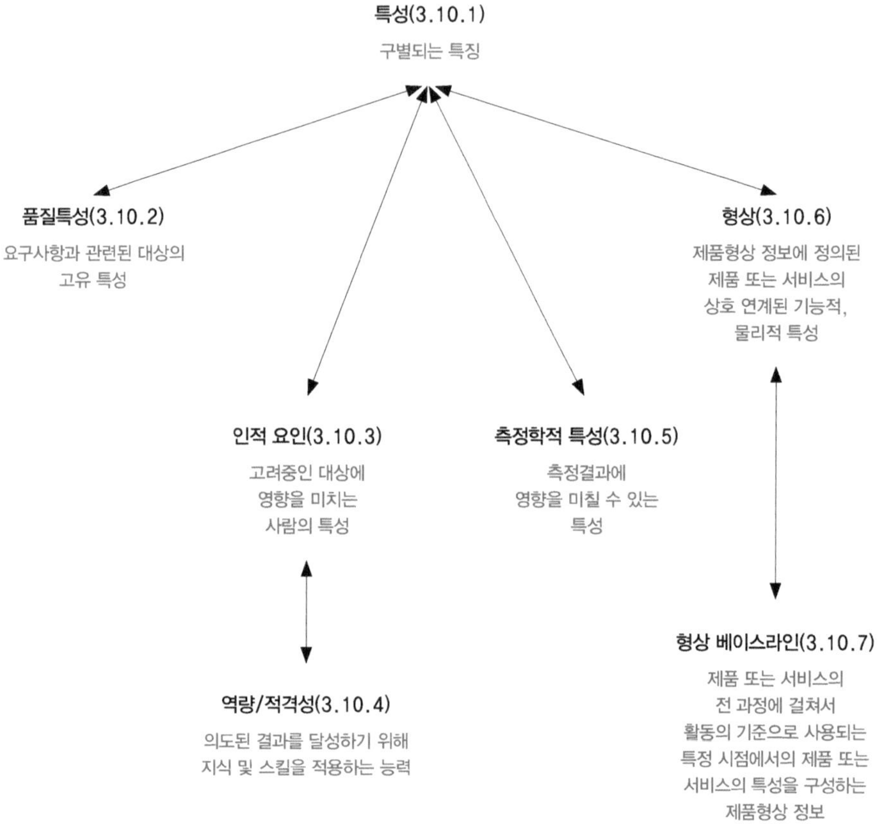

3.11 확인결정과 관련된 개념

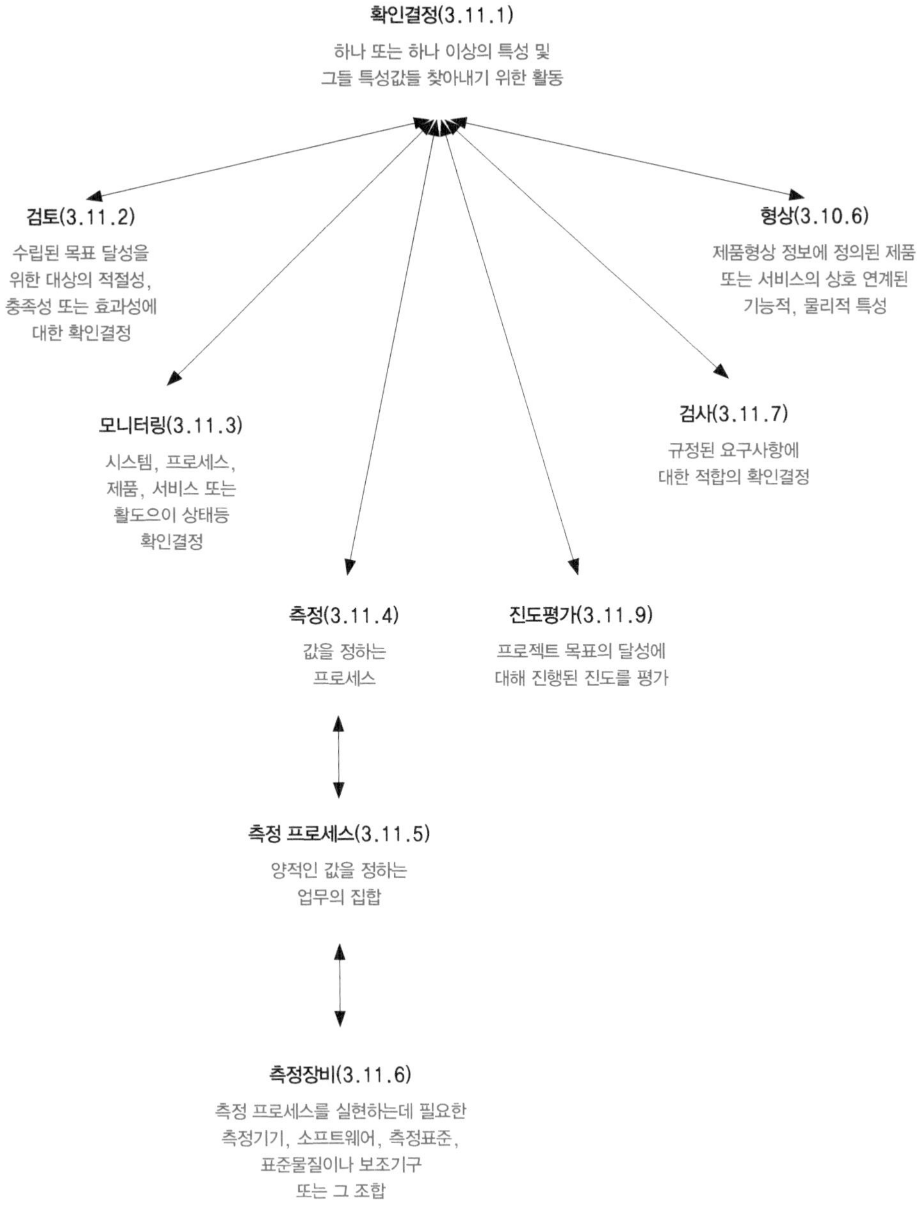

3.12 조치와 관련된 개념

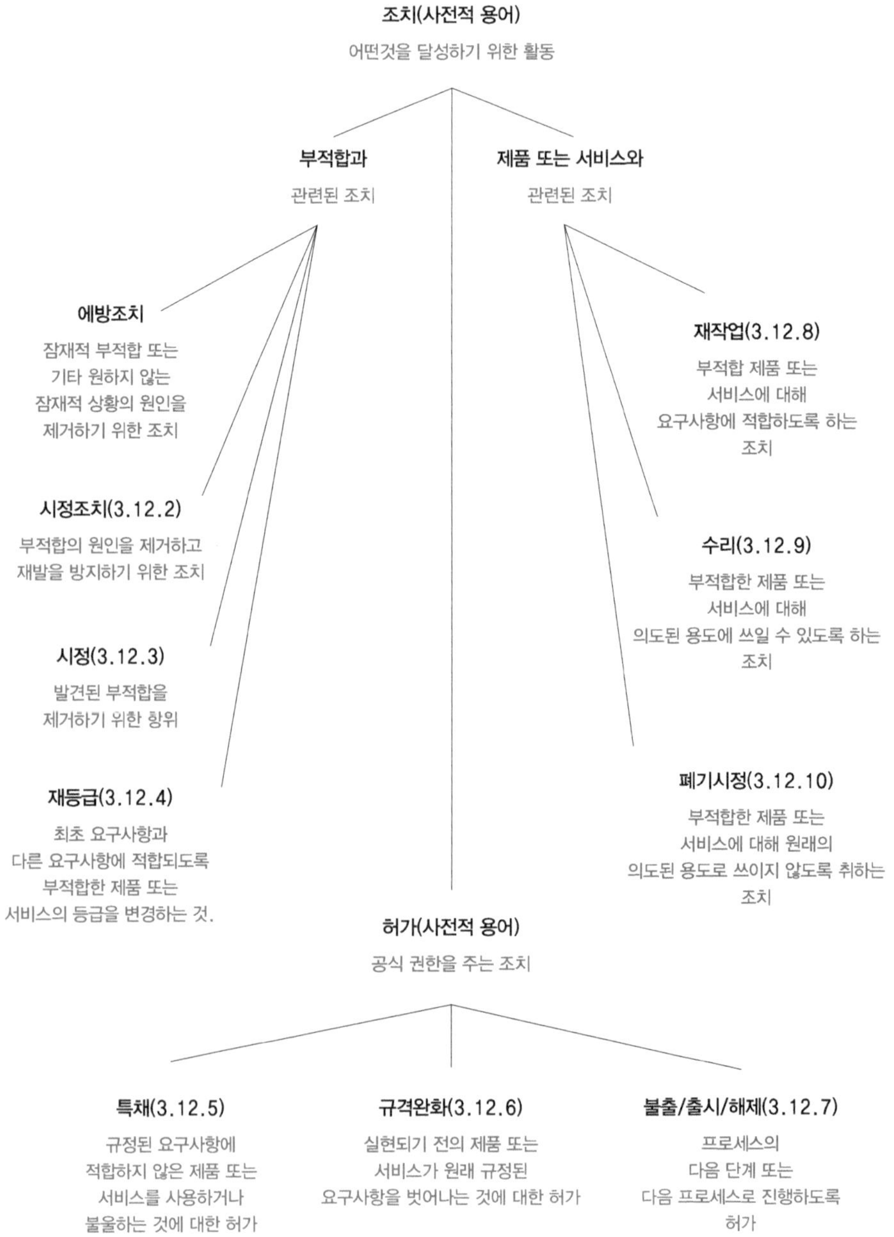

3.13 심사와 관련된 개념

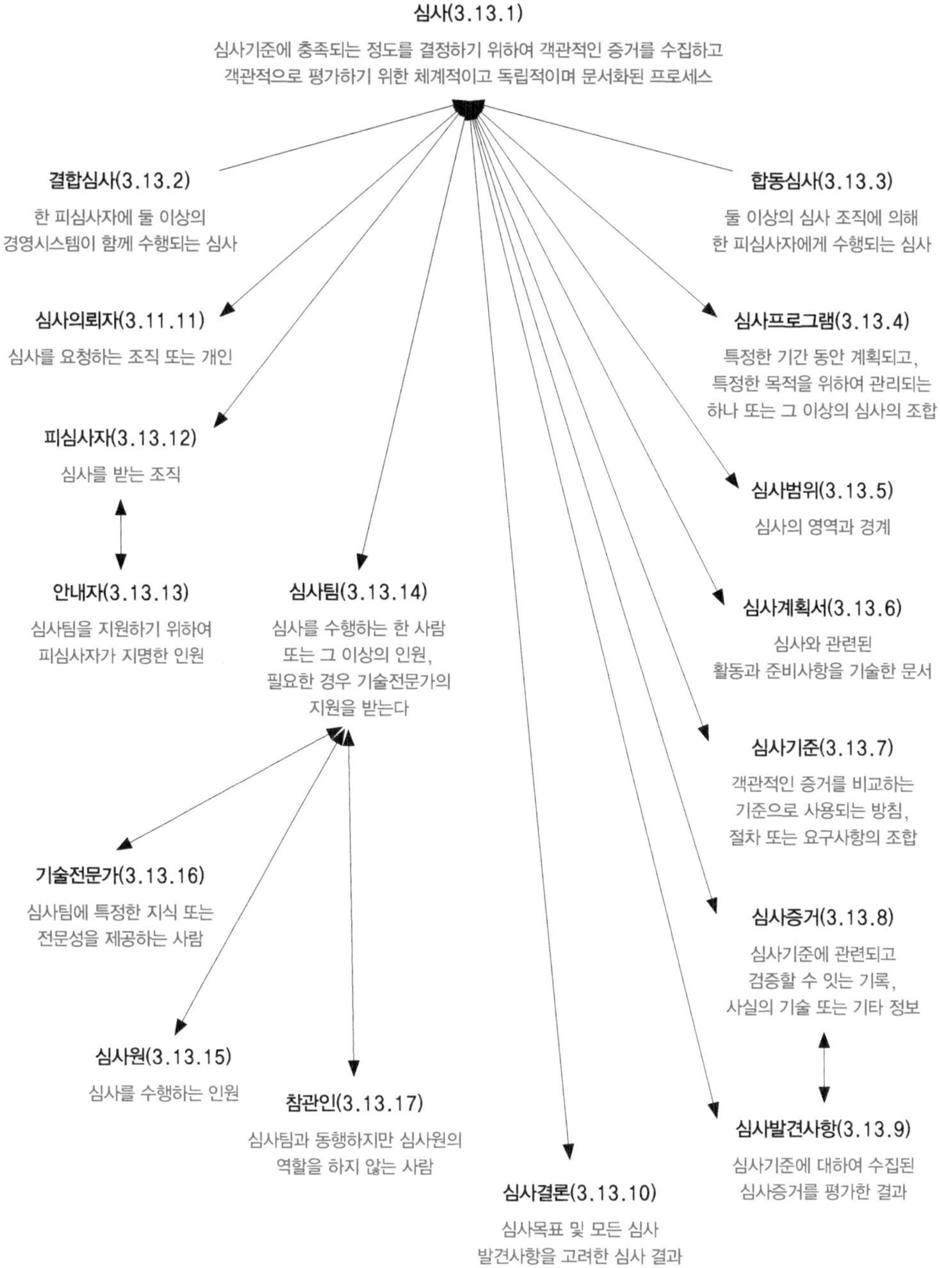

4.
조직상황

4.1 조직과 조직상황의 이해

조직은, 조직의 목적 및 전략적 방향과 관련이 있는 외부와 내부 이슈를, 그리고 품질경영 시스템의 의도된 결과를 달성하기 위한 조직의 능력에 영향을 주는 외부와 내부 이슈를 정하여야 한다. 조직은 이러한 외부와 내부 이슈에 대한 정보를 모니터링하고 검토하여야 한다.

- [비고 1] 이슈에는 긍정적 · 부정적 요인 또는 고려해야 할 조건이 포함될 수 있다.
- [비고 2] 국제적 · 국가적 · 지역적 또는 지방적이든 법적 · 기술적 · 경쟁적 · 시장 · 문화적 · 사회적 및 경제적 환경에서 비롯된 이슈를 고려함으로써, 외부 상황에 대한 이해를 용이하게 할 수 있다.
- [비고 3] 조직의 가치, 문화, 지식 및 성과와 관련되는 이슈를 고려함으로써, 내부 상황에 대한 이해를 용이하게 할 수 있다.

1) 용어

- 조직의 상황을 이해하는 것은 하나의 프로세스이다. 이 프로세스는 조직의 목적, 목표와 지속가능성에 영향을 미치는 요인을 결정한다. 가치, 문화, 지식과 조직의 성과와 같은 내부요인을 고려한다. 또한 법규, 기술, 경쟁사, 시장, 문화, 사회 및 경제적 환경과 같은 외부 요인을 고려한다.
- 조직의 목적이 표현될 수 있는 방법의 예로는 조직의 비전, 사명, 방침 및 목표를 포함시킨다.

2) 설명

- 비즈니스 환경에서 어떤 위치에 있는가를 이해한다.
- 단지 내부만 아니라 외부 방향으로 찾는다.

  상황 = (외부 + 내부 이슈) + 관련 이해관계자의 관련 이해
- 시간을 통해 상황에 맞는 변화가 더욱더 검토되어야 한다.

3) 조직의 상황에 대한 사례

남성정장을 제조하는 조직의 상황을 살펴보면 다음과 같다.

내부이슈	자동화 Do I have the right type and level of automation in place?	인력 Do workers have the right skills or must they retrain?	디자인 비밀 AM I able to protect my design secrets?
	생산능력 Have I the spare capacity to prlduce these suits?	회사문화 Do we have a quality focus?	혁신 Should we innovate or use existing designs?
외부이슈	고객 Are my existing customers loyal or could they leave?	패션변화 Are we agile enough to react to a fashion change?	패션변화 Are we agile enough to react to a fashion change?
	마감시간 Any external deadlines?(suppliers/customers)	경쟁 What are my competitors up to?	유틸리티 Will we have the power/Water supplies we need?
이해관계자	고객	이사회	외부 제공자
	소유주/이해관계자	사회	종업원
	Regulators	무역협회	

상황분석	1. 일반 환경 분석 - 경영에 영향을 주는 외부 환경 파악. - 외부 환경 별 변화요소 중 경영에 영향을 주는 주요 요소를 도출, 각 요소 별 파급효과 도출. 2. 경쟁 환경 분석 - 회사 자신의 경쟁환경 요소 도출. - 5-forces 모형 또는 3C & FAW 등과 같은 산업환경 분석 기법 활용, 각 요소 별 환경변화 내용을 도출 및 정리. 3. 내부 역량 분석 - 경영에 영향을 주는 내부 환경 요소 파악. - SWOT분석 등을 통해 기업의 핵심 역량과 내/외부 고객과의 관계정립. 4. 비전/전략 분석 - 회사의 비전/전략/과제를 중심으로 핵심성공요소(CSF)를 도출. - 환경분석내용과 기업내부의 강점을 조화시켜 대안개발, 전략 결정.

4) 조직의 상황에 대한 SWOT기법

SWOT는 강점(Strength), 약점(Weaknesses), 기회(Opportunities), 위협(Threats)의 앞글자이다.

			내부환경 요인	
분석기법			감정(Strengths)	약점(Weaknesses)
	외부환경 요인	기회 (Opportunities)	SO 공격적인 전략 (Aggressive Strategy)	WO 전환전략 (Turnaround Strategy)
		위협 (Threats)	ST 방어적인 전략 (Defensive strategy)	WT 출구전략 (Exit Strategy)

핵심질문

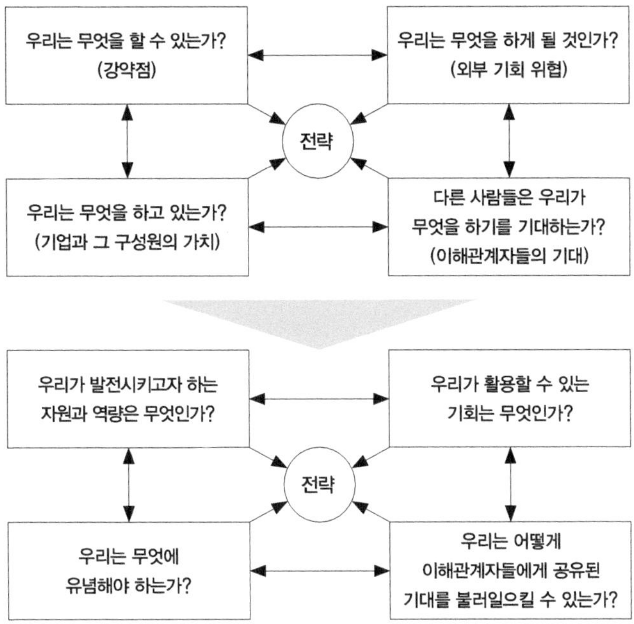

분석내용

내부능력 분석		외부환경 분석	
강점(Strengths)	약점(Weaknesses)	기회(Opportunities)	위협(Threats)
• 차별화된 핵심역량 자금 조달 및 운영 구성원의 스킬 • 구매자/공급자 관계(인식도) 인정된 마켓 리더 • CEO의 전략경영능력 규모의 경제 • 강력한 경쟁압력으로부터 회피 • 독점적 기술 • 원가우위 경쟁우의 제품 혁신 능력	• 전략 및 관리부재 경쟁 • 지위 약화 설비의 낙후 • 수익성 저하 관리능력 부족 • 핵심 스킬 및 역량의 부족 • 경쟁압력에 대한 위약성 • R&D 능력 부족 • 협소한 제품군 마켓 • 이미지 취약 경쟁우위 약화 • 마케팅력 부족 • 자금 조달 부족	• 신시장/고객집단 등장 • 새로운 기술 등장 • 시장의 빠른 성장 • 산업의 세계화 • 소득수준 증대 • 정치/정책/법규/경제/사회/문화기술/환경/IT/금융 · 환율/기타	• 신규 경쟁자인 진입 대체재의 판매량 증가 • 시장성장률의 둔화 불리한 정책 · 법규 • 경쟁압력 증가 경기침체 • 구매자 · 공급자의 협상력 증대 • 구매자의 욕구 변화 • 인구패턴의 불리한 변화 • 외국의 무역규제 기타

전략적 의미

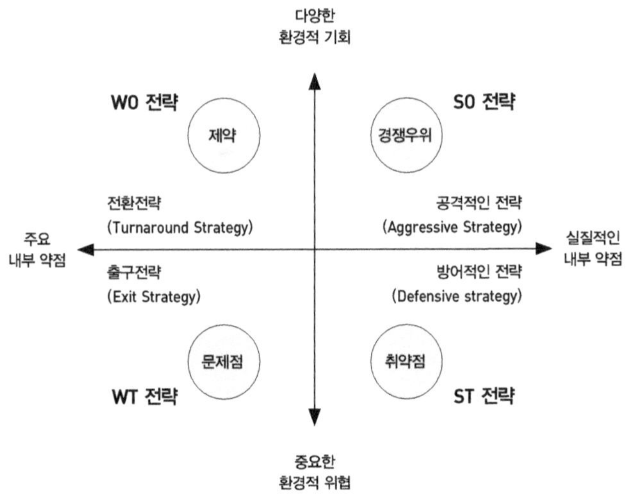

전략적 방향

분석 사례 (경쟁자 분석)

〈 TOYOTA SWOT분석 〉

Strength

1. 원만한 노사관계
2. 우수한 경영/관리기법 활용
3. 강력한 브랜드
4. 기술의 우위

Weakness

1. QC기법의 양면성
2. 인력부분 유연성 부족
3. 높은 대미 의존도
4. 적은 부채비율 지향

Opportunity

1. GM과의 연대를 통한 차세대 자동차 표준 설정에서의 우의선점
2. 북미 시장에서 쌓은 브랜드 이미지의 활용

Threat

1. 반일 감정
2. 가격경쟁력의 약화
3. 리콜 사태로 인한 품질 신뢰도 하락

분석 사례 (마케팅)

구분	내부조건	
	Strength(강점)	Weakness(약점)
	- 균일하고 위생적인 품질 - 시장 트랜드에 맞는 올리브유 치킨 - 완벽한 물류시스템 - 가맹점과의 상호신뢰가 높음 - 튼튼한 내실 경영	- 경쟁 업체에 비해 낮은 인지도 (교촌치킨, KF, 파파이스 등) - 고급원료 사용으로 인한 고가격

외부환경			
	Opportunity(기회)		
	- 올리브유 인지도 확산 - 웰빙 열풍 (저칼로리 치킨 선호)	경쟁우위(SO) 공격적인 전략	제약(WO) 전환전략
	Threats(위협)		
	- 조류독감의 발생 가능성 - 대형 패스푸드점의 서비스 확대 - 강력한 시장 선두주자의 존재	취약점(ST) 방어적인 전략	문제점(WT) 출구전략

● 기회이자 위험요인: 소비자의 건강에 대한 관심이 높아짐

❙ 4.2 이해관계자의 니즈와 기대 이해

고객 요구사항, 그리고 적용되는 법적 및 규제적 요구사항을 충족하는 제품 및 서비스를 일관성 있게 제공하기 위한 조직의 능력에 이해관계자가 영향 또는 잠재적 영향을 미치기 때문에, 조직은 다음 사항을 정하여야 한다.

(a) **품질경영시스템에 관련되는 이해관계자**

(b) **품질경영시스템에 관련되는 이해관계자의 요구사항**

조직은 이러한 이해관계자와 이해관계자 관련 요구사항에 대한 정보를 모니터링하고 검토하여야 한다.

- 용어의 정의

3.2.3 이해관계자(interested party)/이해당사자(stakeholder)

- 의사결정 또는 활동에 영향을 줄 수 있거나, 영향을 받을 수 있거나 또는 그들 자신이 영향을 받는다는 인식을 할 수 있는 사람 또는 조직(3.2.1).

● [보기] 고객(3.2.4), 소유주, 조직 내 인원, 공급자(3.2.5), 금융인, 규제당국, 노동조합, 파트너 또는 경쟁자 또는 반대 입장의 압력집단을 포함하는 사회.

● [비고] Annex SL에 제시된 공통용어와 핵심 정의 중의 하나이다.

당시자의 의미

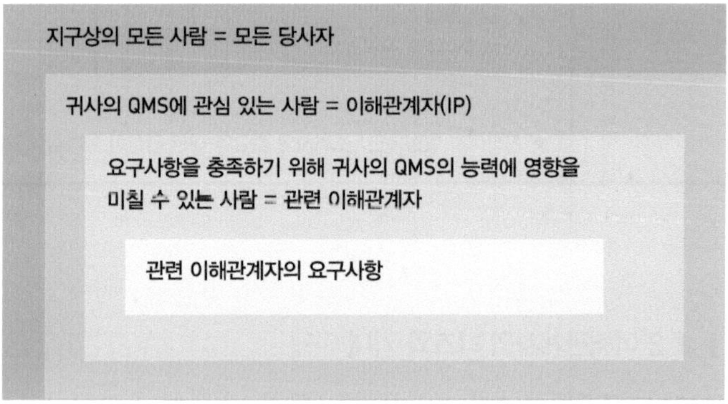

이해 관계자

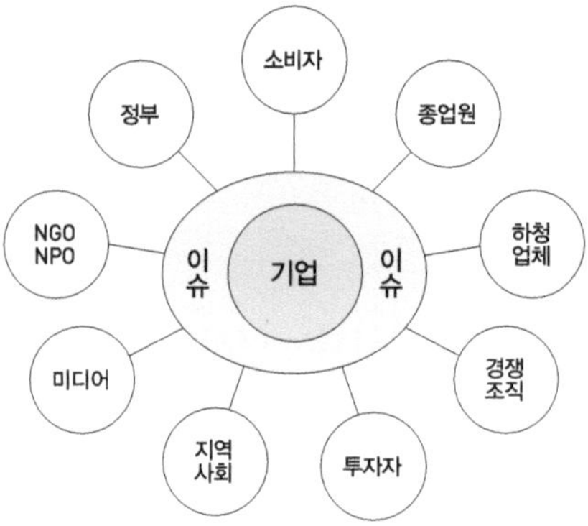

이해 관계자 관심사

이해관계자	관심사	중요도	
		단기	장기
주주	주가	**	?
종업원	임금, 상여금 회사에 대한 자부심	? **	* ?
부품업자	납품액	*	?
고객	안전 신뢰성	*** ***	*** ****
경쟁업자	기업 이미지 소비자의 선호 변화	** **	** *
유통업자	판매량 L사 다른 차종 판매	** **	* *
은행	대출을 위한 기업평가	*	*
소비자단체	안전	***	***
정부	안전 여론	** **	** **
여론	안전 기업윤리	*** ***	*** ****

이해 관계자의 기업전략 집행상의 영향력 평가

- 경영층과 간부회의
- 고객, 정부, 소비자보호단체, 여론 vs 주주, 종업원 vs 유통업자, 부품공급업자, 은행

이해 관계자의 이익의 우선순위

- 영향의 정도 파악(중대한 손해가 발생할까?) → 확률이 낮더라도 반드시 시정
- 장기적으로 회사에 유리한 것은 무엇인가
- 각 이해관계자에게 도덕적, 윤리적으로 어느 정도 책임이 있는가를 검토
  * 고객 : 경제적 · 윤리적 · 자발적 책임
  * 소비자 단체, 정부, 여론 : 윤리적 · 자발적 책임
  * 그 외 이해관계자 : 경제적 책임

회사의 대응전략	– 장기적인 쌍방의 플러스게임 – 회사의 사명은 무엇인가 – 의사결정의 영향의 대상은?(누구, 얼마나 크게, 얼마나 오랫동안) – 목적을 달성하는 수단도 중요(단기적인 것 보다 장기적으로)

표4-4	L 자동차회사의 이해관계자에 대한 윤리적 책임수준			
이해관계자	기업의 윤리적 책임감의 수준			
	법률적	경제적	윤리적	자발적
주주	–	*	–	–
종업원	–	*	–	–
부품업자	–	?	–	–
고객	?	*	*	*
경쟁업자	–	–	–	–
유통업자	?	–	?	–
은행	–	–	–	–
소비자단체	?	–	*	*
정부	?	–	*	*
여론	–	–	*	*

이해자의 분석 순서

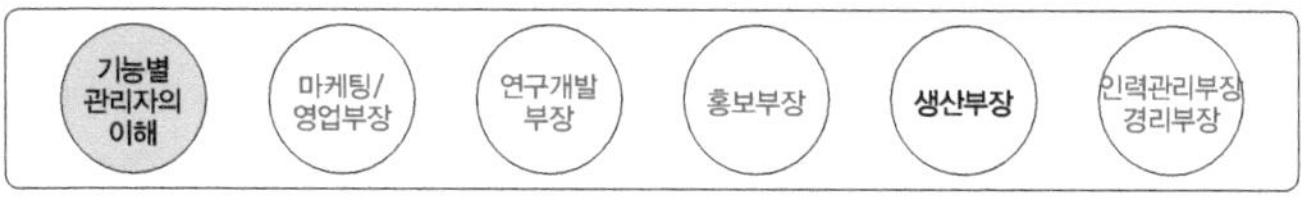

- 각 기능별 관리책임자들이 윤리와 관계되는 의사결정을 할 때에는 그 결정으로 영향을 받을 이해관계자들은 누구이고 그들의 관심사는 무엇인가를 먼저 파악하고, 그 중에서 회사의 목적달성을 위해 장기적으로 어느 이해관계자의 이익을 중심으로 생각할 것인가를 먼저 결정한다.

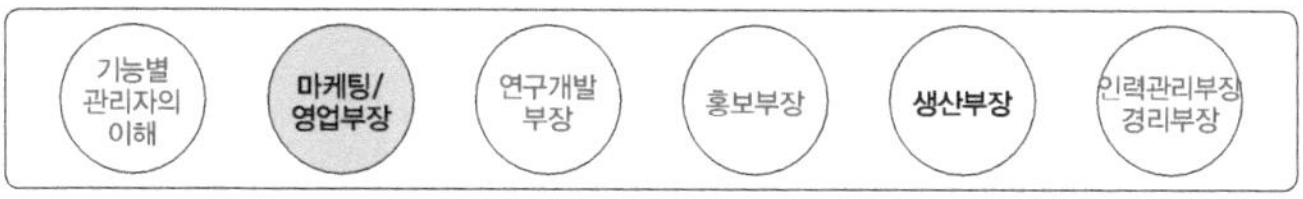

- 고객과 가장 접촉이 많은 부서임 따라서 고객과 상호 신뢰할 수 있는 긴밀한 관계 유지
- 고객의 안전과 이익 보호
- 광고, 제품 판촉, 가격결정, 세일일정 등이 윤리적 문제가 생길 수 있으므로 관심

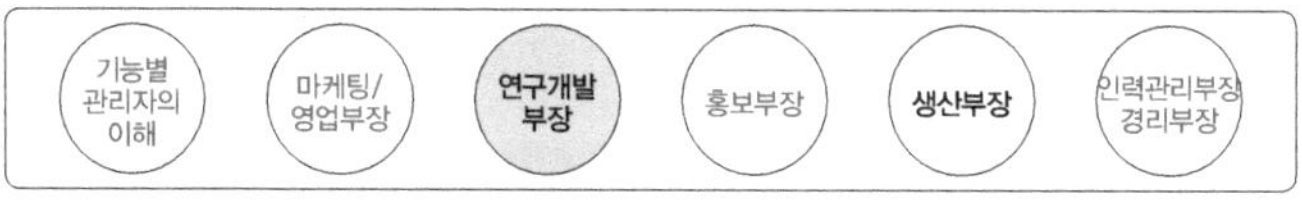

- 안전하고 신뢰할 수 있는 제품 개발
- 상급책임자, 기능별 부서책임자인 생산부장, 마케팅부장, 광고부장 등
- 대외적으로는 정부 조달청, 대중매체 등

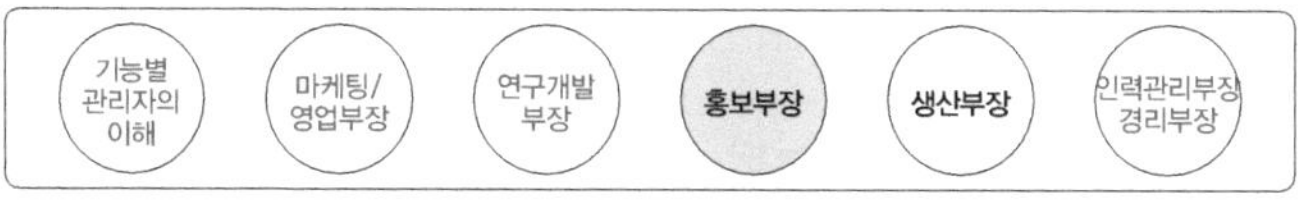

- 경영진 및 회사 외부 그룹과 끊임없이 접촉을 해야 하는 위치임
- 회사의 종업원, 제품, 서비스, 회사의 기본방침 등 정보를 정확히 파악하고 외부에 요령 있게 전달해야 함

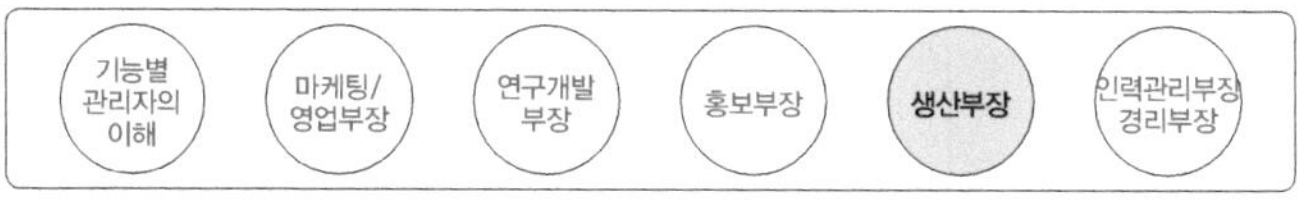

- 불량율 감소를 위한 노력
- 노동조합과의 마찰문제

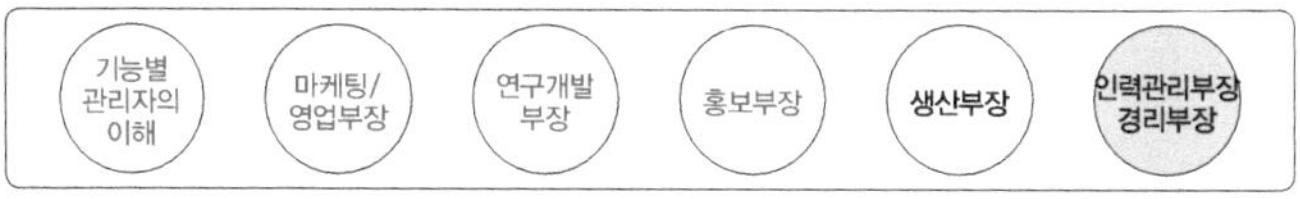

- 종업원의 사생활 침범에 유의
- 인건비 절감과 관련된 해고 등으로 갈등
- 원자재 대금지불, 세금 포탈, 탈세 등
- 상급자와 윤리적인 문제 직면 시 장기적 관점 유지

4.3 품질경영시스템 적용범위 결정

조직은 품질경영시스템의 적용범위를 설정하기 위하여 품질경영시스템의 경계 및 적용 가능성을 정하여야 한다. 적용범위를 정할 때, 조직은 다음 사항을 고려하여야 한다.

(a) **4.1에 언급된 외부와 내부 이슈**
(b) **4.2에 언급된 관련 이해관계자의 요구사항**
(c) **조직의 제품 및 서비스**

조직의 품질경영시스템의 정해진 적용범위 내에서 이 표준의 요구사항이 적용 가능하다면, 조직은 이 표준의 모든 요구사항을 적용하여야 한다.

조직의 품질경영시스템의 적용범위는 문서화된 정보로 이용 가능하고 유지되어야 한다. 적용범위에는 포함되는 제품 및 서비스의 형태를 기술하여야 하고, 조직이 그 조직의 품질경영시스템 적용범위에 포함되지 않는다고 정한 이 표준의 어떤 요구사항이 있는 경우, 그에 대한 정당성을 제시하여야 한다.

적용될 수 없다고 정한 요구사항이, 제품 및 서비스의 적합성 보장과 고객만족 증진을 보장하기 위한 조직의 능력 또는 책임에 영향을 미치지 않는 경우에만, 이 표준에 대한 적합성이 주장될 수 있다.

[부속서 A.5] 적용 가능성

이 표준에서, 조직의 품질경영시스템 요구사항의 적용 가능성과 관련하여 "적용 제외"를 언급하지 않는다. 그러나 조직은 조직의 규모 또는 복잡성, 조직이 채택한 경영모델, 조직의 활동범위 및 조직이 직면한 리스크와 기회의 성질에 기인하여 요구사항의 적용 가능성을 검토할 수 있다. 적용 가능성에 대한 요구사항은, 4.3에서 다루고 있는데, 4.3에서 조직이 품질경영시스템 범위 내에서 어떤 요구사항이 어느 프로세스에도 적용될 수 없음을 결정할 수 있는 조건을 규정한다. 조직은, 조직의 의사결정이 제품 및 서비스의 적합성 달성에 대한 실패로 나타나지 않는 경우에만, 요구사항이 적용될 수 없음을 결정할 수 있다.

1) 품질경영시스템을 사용하는 경우

조직은 다음의 경우에 이 시스템을 사용한다.

- 고객 및 적용되는 규제 요구사항을 충족하는 제품을 일관되게 제공하는 능력을 실증할 필요가 있는 경우
- 지속적인 개선, 부적합의 예방을 위한 프로세스 및 시스템의 효과적인 적용을 통하여 고객 만족을 높이기 위한 경우
- 제품은 고객에 의해 요구된 제품(주문의 형태)
- 고객을 위해 의도된 제품(표준품의 형태)에만 적용한다.

2) 시스템의 적용

- 이 표준은 업종, 규모, 생산제품에 관계없이 모든 조직에 적용 가능하도록 포괄적이다.
- 적용 가능한 모든 요구사항을 준수해야 한다.
- 조직은 적용범위를 결정할 수 있다. 이러한 결정은 조직이나 제품의 특성, 제품실현 프로세스, 리스크 평가 결과, 상업적인 고려 및 계약적 · 법적 · 규제적 요구사항 등을 근거로 내려야 한다.

4.4 품질경영시스템과 그 프로세스

4.4.1 품질경영시스템에 필요한 프로세스의 실행

조직은 이 표준의 요구사항에 따라, 필요한 프로세스와 그 프로세스의 상호 작용을 포함하는 품질경영시스템을 수립 · 실행 · 유지 및 지속적 개선을 하여야 한다. 조직은 품질경영시스템에 필요한 프로세스와 조직 전반에 그 프로세스의 적용을 정해야 하며, 다음 사항을 실행하여야 한다.

(a) 요구되는 입력과 프로세스로부터 기대되는 출력의 결정
(b) 프로세스의 순서와 상호 작용의 결정
(c) 프로세스의 효과적 운용과 관리를 보장하기 위하여 필요한 기준과 방법(모니터링, 측정 및 관련 성과지표를 포함)의 결정과 적용
(d) 프로세스에 필요한 자원의 결정과 자원의 가용성 보장
(e) 프로세스에 대한 책임과 권한의 부여
(f) 6.1의 요구사항에 따라 결정된 리스크와 기회의 조치
(g) 프로세스의 평가, 그리고 프로세스가 의도된 결과를 달성함을 보장하기 위하여 필요한 모든 변경사항의 실행
(h) 프로세스와 품질경영시스템의 개선

4.4.2 조직이 실행해야 할 사항

조직은 필요한 정도까지 다음 사항을 실행하여야 한다.

(a) 프로세스의 운용을 지원하기 위하여 문서화된 정보의 유지
(b) 프로세스가 계획대로 수행되고 있다는 확신을 갖기 위하여 문서화된 정보의 보유

1) 프로세스 구성

강의평가의 프로세스 구성을 예로 들어 살펴보면 다음과 같다.

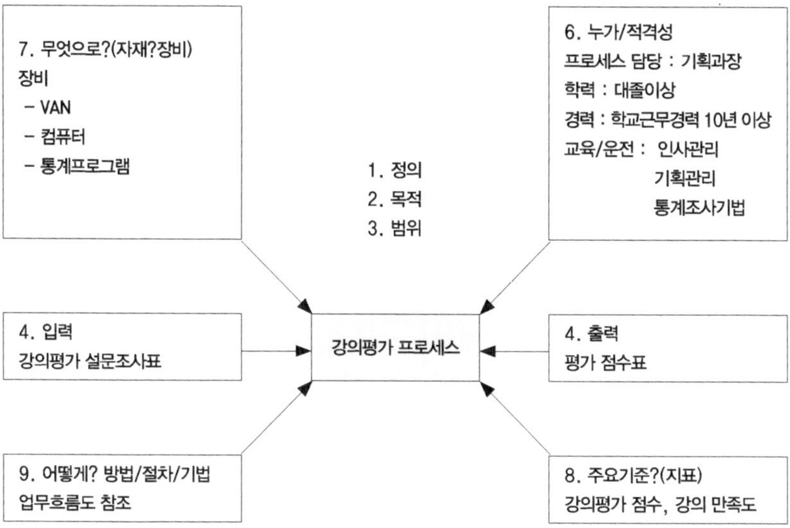

2) 프로세스 분석, 측정 및 개선

(a) 프로세스의 분석

- 프로세스 특성 파악(입/출력, 목표, 관리기준, 방법, 제약조건 등은?)
- 주요 성과지표 설정
- 성과 측정 방법 강구
- 현재의 성과 평가(현재 수준 파악)
- 프로세스 순서 및 상호관계 파악(프로세스 플로우)
- 과업 분석(입력/출력/자원/과업-5W1H)
- 효과적인 프로세스 관리
- 시스템 요구사항 및 고객 요구사항 전개(요건: 프로세스)
- 리스크 분석
- 생산성 분석(불필요한 입출력의 제거)

- 정보의 필요성 분석(문서화 필요성, 방침, 절차, 직무 기술서 등)
- 변화관리(변화 저항요소는?)

● [예시] 핵심 프로세스 파악

경영 프로세스 : 경영관리 프로세스, 마케팅 프로세스, 판매 프로세스 , 제품/서비스 창출 프로세스, 주문충족 프로세스, 자원관리 프로세스, 품질시스템 관리 프로세스

(b) 프로세스 분석

① 조직 전반에 걸쳐 품질경영 시스템과 그 적용에 필요한 프로세스의 파악(아웃소싱 포함)

- 품질경영시스템에 필요한 프로세스는?(명칭 등)
- 각 프로세스의 고객은 누구인가?(내부/외부)
- 이들 고객의 요구사항은?
- 프로세스 리더는?
- 외주 처리된 프로세스는?
- 각 프로세스의 입/출력은 무엇인가?

② 이러한 프로세스의 순서와 상호작용에 대한 결정

- 프로세스의 전반적인 흐름은?
- 이들을 어떻게 묘사할 수 있는가?(프로세스 맵, 플로우차트 등)
- 이들 프로세스의 상호 관계는?
- 필요한 문서화는?(관련표준, 절차서 등)

③ 이들 프로세스의 운영과 관리 모두가 효과적임을 보장하기 위해 요구되는 기준 및 방법의 결정

- 의도되거나 의도되지 않는 결과의 특성은 무엇인가?
- 모니터링, 측정 및 분석기준은 무엇인가?
- 제품실현 프로세스 기획에 기준을 어떻게 결합시킬 것인가?
- 경제적 문제(원가, 시간, 낭비 기타)는 무엇인가?
- 데이터 수집에 적절한 방법은 무엇인가?

④ 이들 프로세스의 운영과 모니터링을 지원하는 데 필요한 자원과 정보의 가용성에 대한 보장

- 각 프로세스에 필요한 자원은?
- 의사소통 경로는?
- 프로세스에 대한 내/외부 정보는 어떻게 확보하고 있는가?
- 피드백은 어떻게 얻을 수 있는가?
- 수집이 필요한 데이터는?
- 필요한 기록은?

● [예시] 업무 프로세스 : 상담처리 프로세스, 주문처리 프로세스, 제품설계 프로세스, 서비스 제공, 프로세스, 설치 프로세스, 자원계획 프로세스, 인적자원 확보 프로세스, 측정장치 보전 프로세스, 설비보전, 프로세스, 장비처분 프로세스, QMS 유지 프로세스, QMS 개선 프로세스

⑤ 이들 프로세스에 대한 측정, 모니터링 및 분석

- 프로세스의 성과를 어떻게 모니터링 할 것인가?
- 어떠한 측정이 필요한가?
- 수집된 정보를 어떻게 최적으로 분석할 수 있는가?(통계적 기법)
- 분석 결과는 우리에게 무엇을 요구하고 있는가?

프로세스 성과 측정	
내부적 측정요소	외부적 측정요소
- 불량률/직행률/Scrap/재작업률 - 생산성, 비용/생산량 - 이익률/교육 효율성 등	- 고객 이탈률/고객불만(구두 또는 문서) - 고객 요구에 대한 반응 시간 - 고객 만족도 - 납기준수율 등

⑥ 이들 프로세스의 계획된 결과의 달성과 지속적 개선에 필요한 조치의 실행

- 프로세스를 어떻게 개선할 것인가?
- 어떠한 시정조치/예방조치가 필요한가?
- 시정조치/예방조치는 실행되고 효과적인가?

시정조치 및 프로세스 개선	
STAFF 이익(성과)	조직의 이익(성과)
- 업무 만족도 증대 - 동기 향상 - 참여향상 및 팀워크 향상	- 관리 비용 절감 - 자원의 효율적 사용 - 생산성 향상, 기능 내/기능 간 주요 활동의 상호관계 파악 - Rework & Delay 절감 - 의사소통 증대 - 옳고 그름의 보다 확실한 이해

문제의 근본 원인을 제거하기 위하여 시정조치를 실행하는 방법을 정하여야 할 것이다(문제의 예는 오류, 결함, 적절한 프로세스 관리의 부족을 포함한다). 시정조치를 실행하고 그 효과성을 검증한다.

일단 계획된 프로세스 요구사항이 달성되면, 조직은 지속적인 방법으로 프로세스 성과를 보다 높은 수준으로 개선하기 위한 조치에 노력을 기울여야 할 것이다. 개선을 위한 방법은 규정되고 실행되어야 할 것이다(개

선의 예는 다음을 포함한다: 프로세스 단순화, 효율성 제고, 효과성 개선, 프로세스 사이클타임 감소). 개선의 효과성을 검증한다.

5.
리더십

5.1 리더십과 의지표명

5.1.1 일반사항

최고경영자/최고경영진은 품질경영시스템에 대한 리더십과 의지표명/실행의지(commitment)을 다음 사항에 의하여 실증하여야 한다.

(a) 품질경영시스템의 효과성에 대한 책무(accountability)를 짐
(b) 품질방침과 품질목표가 품질경영시스템을 위하여 수립되고, 조직상황과 전략적 방향에 조화됨을 보장
(c) 품질경영시스템 요구사항이 조직의 비즈니스 프로세스와 통합됨을 보장
(d) 프로세스 접근법 및 리스크 기반 사고의 활용 촉진
(e) 품질경영시스템에 필요한 자원의 가용성 보장
(f) 효과적인 품질경영의 중요성, 그리고 품질경영시스템 요구사항과의 적합성에 대한 중요성을 의사소통
(g) 품질경영시스템이 의도한 결과를 달성함을 보장
(h) 품질경영시스템의 효과성에 기여하기 위한 인원을 적극 참여시키고, 지휘하고 지원함
(i) 개선을 촉진
(j) 기타 관련 경영자/관리자의 책임분야에 리더십이 적용될 때, 그들의

리더십을 실증하도록 그 경영자 역할에 대한 지원

- [비고] 이 표준에서 "비즈니스"에 대한 언급은 조직이 공적, 사적, 영리 또는 비영리의 여부에 관계없이, 조직의 존재 목적에 핵심이 되는 활동을 의미하는 것으로 광범위하게 해석될 수 있다.

1) 설명

모든 단계의 리더는 목적과 방향의 통일성을 수립하고 인원이 조직의 품질 목표달성에 동참할 수 있는 여건을 조성한다.

2) 이론적 근거

조직 목적을 달성하기 위해 조직의 전략, 방침, 프로세스 및 자원을 조정하는 것은 목적 및 방향과의 일관성 조성 및 인원의 동참을 가능하게 한다.

3) 주요 이점

일부 잠재적인 주요이 점은 다음과 같다.

- 조직의 품질 목표 충족의 효율성과 효과성 증대
- 조직의 프로세스의 더 나은 조정
- 조직의 계층과 기능간의 의사소통 개선
- 원하는 결과를 제공하는 조직과 조직인원의 능력 개발 및 개선

4) 가능한 조치

가능한 조치는 다음과 같다.

- 조직 전반에 걸쳐 조직의 미션, 비전, 전략, 방침 및 프로세스의 의사소통
- 조직의 모든 계층에서 행동에 대한 공동의 가치, 공정성과 윤리적 모델을 창출하고 유지
- 신뢰와 통합 문화 수립
- 품질에 대한 조직 차원의 공약을 장려
- 조직에 있는 인원에게 모든 계층의 리더가 긍정적 모범이 됨을 보장
- 권한을 가지고 역할을 할 수 있는 필요한 자원, 교육훈련과 책임을 가지고 인원을 제공
- 인원이 기여할 수 있도록 고무, 격려 및 인정

5) 리더십의 원리

- 리더 설정 - 목적과 방향의 통일
  - 사람들이 동참하는 환경
- 달성점 - 의사소통, 동기 부여, 조정
  - 조직의 목표
- 방법 - 모든 당사자의 요구를 고려
  - 비전, 가치, 목표, 세부목표 등
  - 공정성, 존중, 윤리, 신뢰(공포)
  - 장애요소(도로 블록) 제거, 자원을 제공
  - 고무, 격려, 인정

5.1.2 고객중시

최고경영자는 다음 사항을 보장함으로써 고객중시에 대한 리더십과 의지표명을 실증하여야 한다.

(a) **고객 요구사항과 적용되는 법적 및 규제적 요구사항이 결정되고 이해되며 일관되게 충족된다.**

(b) **제품 및 서비스의 적합성에, 그리고 고객 만족을 증진시키는 능력에 영향을 미칠 수 있는 리스크와 기회가 결정되고 처리된다.**

(c) **고객만족 증진의 중시가 유지된다.**

최고경영자는 고객과 시장의 요구사항이나 기대, 그리고 제품이나 서비스에 적용되는 법적/규제사항을 조직원들이 이해하고 있다는 것을 보장하기 위한 최종적인 책임을 가져야 한다. 이들은 조직에 의해 제공되는 제품이나 서비스에 대한 요구사항을 개발하는 데 사용되어야 하며, QMS는 일관되게 이들의 요구사항을 충족시킬 수 있어야 한다.

1) 대상

고객 요구사항을 결정하고 고객만족을 달성하기 위해서는 고객 및 최종 사용자와 같은 직접적인 고객뿐만 아니라 다양한 이해관계자도 고려하는 것이 좋으며, 여기에는 다음과 같은 대상을 생각할 수 있다.

- 조직 내 구성원
- 조직과 관련된 공공기관, 주주, 기업주, 투자자 등
- 공급자
- 사회

2) 조직의 고려사항

이러한 이해관계자들의 요구사항을 충족시키기 위해 조직은 다음 사항

들을 고려하는 것이 좋다.

- 이해관계자들의 요구사항 파악과 이에 대한 적절한 대응
- 이해관계자들의 요구사항을 조직의 요구사항(프로세스 특성)으로 변환-품질기능전개(QFD)기법 등이 이용될 수 있다.
- 조직의 모든 계층에 조직의 요구사항(프로세스 특성)을 전달
- 이해관계자들의 가치를 창조하기 위해 프로세스를 개선

3) 방법

고객 및 최종 사용자들의 요구사항을 결정하기 위해 다음과 같은 방법을 사용할 수 있다.

- 잠재고객을 포함한 고객의 파악
- 고객 및 최종 사용자들에 대한 주요 제품 특성을 결정
- 시장에서의 경쟁력 파악 및 평가
- SWOT[강점(Strength), 약점(Weakness), 기회(Opportunity) 및 위기(Thrusts)] 분석 및 대책 수립

4) 사회적 관점에서의 고려사항

- 보건 및 안전
- 환경(에너지, 자원고갈 등) 및 보건/안전
- 법규 및 강제 요구사항
- 제품, 프로세스 및 활동에 대한 사회적 · 지역공동체 영향 파악 및 개선

5) 결과 확인

이 조항의 실행 결과는 다음과 같은 출력물에 의해 확인될 수 있다.

- 고객만족과 관련된 품질방침 및 측정 가능한 품질목표
- 제품/서비스와 관련된 법적 요구사항에 대한 증거
- 제품/서비스와 품질 특성과 그에 대한 요구사항
- 프로세스 플로우차트
- 고객만족/불만족에 대한 데이터 분석 결과

6) 핵심 입력사항

의무적인 것은 아니지만, 다음의 핵심 입력사항은 제품이나 서비스에 대한 요구사항을 결정하는 데 도움이 될 수 있다.

① 고객의 소리

- 시장조사/상황조사
- 현장서비스 보고서
- 고객면담
- 불만/불합격이나 반품
- 권고사항/제안사항
- 내부문제에 대한 분석보고서
- 고객 요구 및 기대에 대한 데이터 및 정보
- 경영자 코멘트
- 다른 형태의 피드백(예: 언론계의 성명 및 고객 대리인 보고서)

② 사업계획

- 제품/서비스 품질 계획서에 대한 기본 틀
- 제약 조건의 검토-시간, 비용, 투자, 상황설정, 자원
- 마케팅 전략을 목표로 하는 고객, 세일즈 포인트 및 주된 경쟁사 등을 정의

③ 제품표준

- 고객 요구사항과 의도한 시장에 대한 법적/규제사항
- 제품 특성, 주요 품질 특성
- 벤치마킹 데이터

④ 제품/서비스에 대한 작업/서비스 환경

- 규정된 서비스 주기와 내구성, 폐기 및 서비스 용이성

⑤ 제품/서비스에 대한 구상

- 제품, 설계, 서비스 레벨, 프로세스 콘셉트의 특성
- 리스크 평가
- 고객에 따른 제품/서비스의 특성을 파악
- 제품/서비스에 대한 잠재적인 고장(실패)유형 파악과 영향평가
- 고장(실패)에 대한 원인조사
- 권고사항
- 출력은 방침 및 목표를 설정하는 데 이용된다.

⑥ 제품 신뢰성 검토

- 고객의 기대사항 및 법적/규제 요구사항

- 안전과 관련된 사항
- 원재료의 선정
- 결과는 설계와 생산가능성 파악을 위해 사용된다.

5.2 방침

5.2.1 품질방침의 수립

최고경영자는 다음과 같은 품질방침을 수립, 실행 및 유지하여야 한다.

(a) 조직의 목적과 상황에 적절하고 조직의 전략적 방향을 지원
(b) 품질목표의 설정을 위한 틀을 제공
(c) 적용되는 요구사항의 충족에 대한 의지표명을 포함
(d) 품질경영시스템의 지속적 개선에 대한 의지표명을 포함

5.2.2 품질방침에 대한 의사소통

품질방침은 다음과 같아야 한다.

(a) 문서화된 정보로 이용 가능하고 유지된다.
(b) 조직 내에서 의사소통 되고 이해되며 적용된다.
(c) 해당되는 경우, 관련 이해관계자에게 이용 가능하다.

품질방침은 최우선 순위가 조직과 고객에 대한 것이어야 한다. 여기에는 지속적인 개선에 대한 명백한 의지가 포함되어야 한다. 여기에 따라 핵심적인 품질목표가 수립될 수 있으며, 품질목표의 달성과 연관될 수 있도록 전조직원들에게 전달되고 이해하도록 해야 한다.

최고경영자는 다음 사항을 보장할 수 있는 품질방침을 수립하여야 한다.

① 최고경영자는 품질방침에 품질경영시스템 요구항의 준수의지 및 품질경영시스템의 지속적 개선 의지가 포함되어야 한다.

② 품질방침은 전 조직에 의해 홍보되며, 이해되고, 실행되어야 한다.

③ 품질방침은 최고경영자가 서명하며, 품질매뉴얼에 수록한다.

④ 품질방침을 수립할 때 최고경영자는 다음 사항을 고려하는 것이 좋다.

- 성공적인 조직이 되기 위해서 필요한 개선의 수준 및 형태
- 기대되거나 바람직한 고객만족의 정도(수준)
- 조직 내 구성원의 발전
- 기타 이해 관계자들의 욕구 및 기대(고객으로부터의 입력요구사항)
- ISO 9001의 요구사항 이상을 달성하기 위해서 필요한 자원
- 공급자 및 동업자의 잠재적 공헌

⑤ 주기적으로 검토되고 필요시 개정되어야 한다.

5.3 조직의 역할, 책임 및 권한

최고경영자는 관련된 역할에 대한 책임과 권한이 조직 내에서 부여되고, 의사소통되며, 이해됨을 보장하여야 한다. 최고경영자는 다음 사항에 대하여 책임과 권한을 부여하여야 한다.

(a) **품질경영시스템이 이 표준의 요구사항에 적합함을 보장**

(b) **프로세스가 의도된 출력을 도출하고 있음을 보장**

(c) **품질경영시스템의 성과와 개선 기회(10.1 참조)를, 특히 최고경영자에게 보고**

(d) **조직 전체에서 고객중시에 대한 촉진을 보장**

(e) **품질경영시스템의 변경이 계획되고 실행되는 경우, 품질경영시스템의 온전성(integrity)이 유지됨을 보장**

모든 구성원에게는 품질목표의 달성을 지원할 수 있도록 책임과 권한이 주어져야 하며, 특히 책임과 권한의 위임은 전 구성원이 참여하고 성취하는 데 도움을 줄 수 있다. 책임과 권한, 매트릭스표나 업무분장표 등을 이용하여 이행할 수 있고 가능한 한 회사 전체의 책임과 권한에 상충됨이 없이 일치시켜야 한다.

효과적이고 효율적인 품질경영시스템을 실행하고 유지하기 위해 조직 내의 계층/기능 간 책임 및 권한을 정하고 의사소통하여야 한다. 계층별 · 기능별 책임과 권한을 정하여 문서화하고 조직 내의 인원들이 이를 인식/의사소통하는 것이 필요하다. 이를 통해 조직 전체의 구성원들이 품질목표의 달성에 기여할 수 있게 하고, 그들의 참여 동기부여 및 실행의지를 확립할 수 있도록 조직 전체의 구성원들에게 책임과 권한이 부여되어야 한다.

품질경영시스템의 문서에 해당하는 품질매뉴얼, 업무분장 및 위임전결문서, 세부 활동 관련 해당 문서 등에 책임과 권한을 명시하여야 한다. 관련된 문서 간에 책임과 권한의 일관성이 있어야 한다(예 : 상위-하위 간, 같은 수준의 문서 간 등). 책임과 권한에 대한 위임도 시스템을 실행해 나가는데 중요한 요소 중의 하나이므로 이에 대해서도 정해 놓는 것이 필요하다. 개인별 업무분장까지 정해 놓아야 하는 것이 필요한가의 여부는 조직의 규모와 특성에 따라 판단해야 할 사항이다.

6.
기획

6.1. 리스크와 기회를 다루는 조치

6.1.1 리스크와 기회

품질경영시스템을 기획할 때, 조직은 4.1의 이슈와 4.2의 요구사항을 고려하여야 하며, 다음 사항을 위하여 다루어야 할 필요성이 있는 리스크와 기회를 정하여야 한다.

(a) **품질경영시스템이 의도된 결과를 달성할 수 있음을 보증**
(b) **바람직한 영향의 증진**
(c) **바람직하지 않은 영향의 예방 또는 감소**
(d) **개선의 성취**

6.1.2 기획해야 할 사항

조직은 다음 사항을 기획하여야 한다.

(a) **리스크와 기회를 다루기 위한 조치**
(b) **다음 사항에 대한 방법**
- 조치를 품질경영시스템의 프로세스에 통합하고 실행(4.4 참조)
- 이러한 조치의 효과성 평가 : 리스크와 기회를 다루기 위하여 취해진 조치는, 제품 및 서비스의 적합성에 미치는 잠재적 영향에

상응하여야 한다.

- [비고 1] 리스크를 다루기 위한 선택사항에는 리스크 회피, 기회를 잡기 위한 리스크 감수, 리스크 요인 제거, 발생가능성 또는 결과의 변경, 리스크 공유 또는 정보에 근거한 의사결정에 의한 리스크 유지가 포함될 수 있다.

- [비고 2] 기회는 새로운 실행방안의 채택, 신제품 출시, 새로운 시장 개척, 신규 고객 창출, 파트너십 구축, 신기술 활용, 그리고 조직 또는 고객의 니즈를 다루기 위한 그 밖의 바람직하고 실행 가능한 방안으로 이어질 수 있다.

6.2 품질목표와 품질목표 달성 기획

6.2.1 품질목표

조직은 품질경영시스템에 필요한 관련 기능, 계층 및 프로세스에서 품질목표를 수립하여야 한다. 품질목표는 다음과 같아야 한다.

(a) **품질방침과 일관성이 있어야 한다.**
(b) **측정 가능해야 한다.**
(c) **적용되는 요구사항이 고려되어야 한다.**
(d) **제품 및 서비스의 적합성과 고객만족의 증진과 관련되어야 한다.**
(e) **모니터링되어야 한다.**
(f) **의사소통이 되어야 한다.**
(g) **필요에 따라 갱신되어야 한다.**

조직은 품질목표에 관하여 문서화된 정보로 유지하여야 한다.

6.2.2 품질목표 달성 기획

품질목표를 달성하는 방법을 기획할 때, 조직은 다음 사항을 정하여야 한다.

(a) **달성 대상**
(b) **필요 자원**
(c) **책임자**
(d) **완료 시기**
(e) **결과평가 방법**

❙ 6.3 변경의 기획

조직이 품질경영시스템의 변경이 필요하다고 정한 경우, 변경은 계획적인 방식으로 수행되어야 한다(4.4 참조).
조직은 다음 사항을 고려하여야 한다.

(a) **변경의 목적과 잠재적 결과**
(b) **품질경영시스템의 온전성**
(c) **자원의 가용성**
(d) **책임과 권한의 부여 또는 재부여**

최고경영자는 조직의 품질에 대한 기획의 책임이 있으며, 이 기획은 조직의 전략과 일치하는 조직의 품질목표 및 요구사항을 효과적으로 충족시키는 데 필요한 프로세스를 정의하는 데 초점을 맞추어야 할 것이다.

1) 기획의 효율성

최고경영자는 효과적이고 효율적인 기획을 위하여 다음 사항을 고려하여야 한다.

- 조직과 조직의 상황을 이해하고, 조직의 전략과 정의된 조직의 목표를 계량화
  - 내 · 외부 사안들의 정보를 검토하고 모니터링한다.
  - 내부 상황의 이해는 가치, 문화, 지식 그리고 조직의 수행에 관련된 사안의 고려에 의하여 가능하다.
  - 외부상황의 이해는 법적 · 기술적 · 경쟁적 · 시장 · 문화적 · 사회적 그리고 경제 환경, 국제적 인지, 국가적인지 지역적인지 또는 특정 지역인지에서의 발생되는 사안의 고려에 의하여 가능하다.
  - 사안들은 긍정적 또는 부정적 요인 또는 고려사항을 위한 조건들을 포함할 수 있다.
- 고객 및 기타 이해관계자들의 요구사항과 법률적 · 규제적 요구사항의 평가
- 제품성과 데이터의 평가 및 관련된 리스크 평가 및 완화데이터

2) 품질경영시스템 기획의 수립 및 변경관리

- 품질목표에 대한 관리항목, 목표치(전년도 목표치 대비), 세부추진 내용, 추진일정, 책임자, 검토주기 등을 명확히 하여야 하며, 5W1H가 명확히 파악되도록 관리하는 것이 효과적이다.
- 품질경영시스템 기획의 변경은 변경 관리 방법하에 수행되어야 하며, 활동의 변경(관리항목, 목표치, 세부추진내용, 추진일정 등)은 승인권자의 승인하에 수행되어야 한다.

- 품질경영시스템의 완전성이란 조직의 품질목표와 관련하여, 충분히 도달할 수 있는 수준을 요구하는 것이다.
- 품질경영시스템의 변경 시에 자원의 가용성을 고려해야 한다.
- 필요한 경우, 변경관리에 대하여 책임과 권한의 할당 또는 재할당 한다.

7.
자원

❙ 7.1 자원

7.1.1 일반사항

조직은 품질경영시스템의 수립, 실행, 유지 및 지속적 개선에 필요한 자원을 정하고 제공하여야 한다.

조직은 다음 사항을 고려하여야 한다.

(a) **기존 내부자원의 능력과 제약사항**

(b) **외부공급자로부터 획득할 필요가 있는 것**

QMS를 수립하고 유지하기 위한 필요자원은 계획되고 준비되어야 하며, 주기적으로 검토되어야 한다. 자원에는 인적자원, 물적자원, 특수한 기능, 기술 및 재정적 자원이 포함된다. 여기에는 프로세스 관리를 위한 것뿐만 아니라 내부심사, 시정 조치, 검토 등을 위한 자원도 포함된다. 프로세스의 복잡성과 상호관계, 그리고 성공적인 결과를 위해 필요한 숙련도와 경험을 고려하여야 한다.

1) 자원의 종류(대분류)

인적 자원/물적 자원/재정적 자원 등

2) 요구사항에서의 자원

요구사항에서의 자원은 다음을 포함한다.

- 인적자원 : 교육 · 훈련, 인식, 능력
- 천연자원 : 에너지, 자재
- 정보 : 품질정보, 시장정보
- 재정자원 : 자금, 지적재산
- 기반구조 : 시설, 소프트웨어, 하드웨어, 공간, 장비 등
- 공급자 및 파트너 : 상호 유익한 관계
- 업무환경 : 인간적, 신체적 요소

7.1.2 인원

조직은 품질경영시스템의 효과적인 실행, 그리고 프로세스의 운용과 관리에 필요한 인원을 정하고 제공하여야 한다. 인원은 QMS의 요구사항을 만족시키기 위해, 필요에 따라 계획되고 질적 향상이 도모되어야 한다. 이것에는 자원의 니즈, 채용, 능력개발 및 지속적인 평가를 포함한다. 품질에 영향은 미칠 수 있는 업무로 결정된 각각의 업무는 적격한 인원들에 의해 수행되어야 한다(7.2 역량/적격성 참조).

7.1.3 기반구조

조직은 프로세스의 운용에 필요한, 그리고 제품 및 서비스의 적합성 달성에 필요한 기반구조를 결정, 제공 및 유지하여야 한다.

- [비고] 기반구조에는 다음이 포함될 수 있다.

(a) 건물 및 연관된 유틸리티

(b) 장비(하드웨어, 소프트웨어 포함)

(c) 운송자원

(d) 정보통신 기술

7.1.4 프로세스 운용 환경

조직은 프로세스 운용에 필요한, 그리고 제품 및 서비스의 적합성 달성에 필요한 환경을 결정, 제공 및 유지하여야 한다.

- [비고] 적절한 환경은, 다음과 같이 인적 요인과 물리적 요인의 조합이 될 수 있다.

(a) 사회적(예: 비차별, 평온, 비대립)

(b) 심리적(예: 스트레스 완화, 극심한 피로 예방, 정서적 보호)

(c) 물리적(예: 온도, 열, 습도, 밝기, 공기 흐름, 위생, 소음)

이러한 요인은 제공되는 제품 및 서비스에 따라 상당히 달라질 수 있다.

조직은, 제품 품질에 영향을 미칠 수 있는 업무/작업 환경의 여러 측면을 파악하고, 그것을 관리하기 위하여 적절한 변수(파라미터)를 정해 놓고 있음을 보장하여야 한다.

1) 업무환경에 영향을 미치는 요인의 예

- 심리적 상호작용(예: 스트레스 감소, 정신적인 피로 방지, 감정적인 보호)으로 조직 구성원들이 창조력, 잠재능력을 발휘할 수 있는 환경, 동기부여 방법
- 사회적 상호작용(예: 차별 대우가 없는, 침착한, 대치되는 않는)
- 물리적 상호작용(예: 온도, 열, 습도, 밝기, 공기 흐름, 위생, 소음)
- 인간공학적 설계에 의한 작업/업무 시설

- 안전, 보호구/안전수칙 등

2) 업무환경 개선 활동

- 이러한 업무 환경의 파악은 품질기획 단계에서 파악되어야 할 것이다.
- 적합한 환경하에서 업무/작업이 되도록 관리하고 개선하는 활동이 필요하다.
- 부적합 제품, 고객 불만 등이 업무/작업환경에 의해 발생되지는 않는지 연계하여 검토 · 개선하는 것도 필요할 것이다.

7.1.5 모니터링 자원과 측정 자원

7.1.5.1 일반사항

제품 및 서비스가 요구사항에 대하여 적합한지를 검증하기 위하여 모니터링 또는 측정이 활용되는 경우, 조직은 유효하고 신뢰할 수 있는 결과를 보장하기 위하여 필요한 자원을 정하고 제공하여야 한다. 조직은 제공되는 자원이 다음과 같음을 보장하여야 한다.

(a) **수행되는 특정 유형의 모니터링과 측정 활동에 적절함**

(b) **자원의 목적에 지속적으로 적합함(fitness)을 보장하도록 유지됨**

조직은 모니터링 자원과 측정 자원의 목적에 적합하다는 증거로, 적절한 문서화된 정보를 보유하여야 한다.

7.1.5.2 측정 소급성(traceability)

측정 소급성이 요구사항이거나, 조직이 측정 결과의 유효성에 대한 신뢰 제공을 필수적인 부분으로 고려하고 있는 경우, 측정 장비는 다음과 같아야 한다.

(a) **규정된 주기 또는 사용 전에, 국제 또는 국가 측정표준에 소급 가능한 측정표준에 대하여 교정 또는 검증 혹은 두 가지 모두 시행될 것. 그러한 표준이 없는 경우, 교정 또는 검증에 사용된 근거는 문서화된 정보로 보유될 것.**

(a) **측정 장비의 교정 상태를 알 수 있도록 식별될 것.**

(a) **교정 상태 및 후속되는 측정 결과를 무효화할 수 있는 조정, 손상 또는 열화로부터 보호될 것.**

조직은 측정 장비가 의도한 목적에 맞지 않는 것으로 발견된 경우, 이전 측정 결과의 유효성에 부정적인 영향을 미쳤는지 여부를 규명하고, 필요하다면 적절한 조치를 취하여야 한다. 모니터링 및 측정활동이 모니터링 및 측정 요구사항과 일치된 방법하에서 수행되고 그러한 요구사항을 만족시킬 수 있음을 보장하여야 한다.

측정 장비의 교정은 특정 요구사항에 대한 제품 적합성의 타당한 결과를 제공하기 위해 필요한 경우 실시하도록 하고 있다. 특별한 경우 프로세스 파라미터(예를 들면 온도, 압력, 속도 등과 같은 공정관리용 장치)를 측정하기 위해 사용된 장비에 대하여 교정을 요구할 수 있으나 이것이 표준에서의 강제 요구사항은 아니다. 그러나 '특별 프로세스'의 경우에는 반드시 실시되어야 한다.

1) 제품적합성 증거

제품적합성 증거는 8.2(제품 및 서비스 요구사항)에 따라 준비하여야 하고 어떠한 측정 장비와 모니터링 장비가 필요한지를 결정하여야 한다.

① 측정 장비의 예 – 제품적합성 검증을 위한 전류계, 저울, 마이크로미터, 재료시험기, 3차원 측정기등

② 모니터링 장비의 예 – 전원표시램프, 은행의 감시카메라, 전철역이나 엘리베이터의 감시카메라, 설비모니터 등

2) 유효한 결과의 유지가 요구되는 경우

유효한 결과의 유지가 요구되는 경우, 측정 장비의 관리는 다음과 같이 관리하여야 한다.

① 규정된 주기 또는 사용 전에 측정 장비를 검증 또는 교정(국제/국가표준과의 소급성 유지)

② 이러한 표준이 부재 시 교정 시 교정에 사용된 근거를 기록하고 관리

③ 교정 상태의 식별

④ 측정 결과를 무효화시킬 수 있는 임의의 조정으로부터의 관리(보호)

3) 측정 장비가 측정기기의 요구사항을 벗어난 것으로 판명되었을 경우

측정 장비가 측정기기의 요구사항을 벗어난 것으로 판명되었을 경우, 이전의 측정 결과에 대한 유효성을 평가하고 기록하여야 한다.

4) 규정된 요건에 의해 모니터링 및 측정을 위해 사용된 컴퓨터소프트웨어의 경우

규정된 요건에 의해 모니터링 및 측정을 위해 사용된 컴퓨터소프트웨어의 경우, 최초사용 전에 능력의 확인이 실시되어야 하고 필요시 주기적인 재확인을 실시하여야 한다.

5) 모니터링 장비 및 측정용 장비 등이 제품 적합성 검증에 사용될 경우

모니터링 장비 및 측정용 장비 등이 8.2(제품 및 서비스 요구사항)에 따른 제품 적합성 검증에 사용된다면 7.1.5항의 요구사항에 따라 관리되어야 한다.

6) 부적합 측정 장비의 측정값 평가

① 이전 측정값의 신뢰도 확인

② 이전 측정값이 제품표준을 벗어난 경우, 출하된 제품 처리

③ 부적합 측정 장비의 교정주기 재설정 등

7) 설비에 부착된 측정기기의 관리

① 제품품질 검증용 측정기기는 교정 대상

② 특별공정 장비에 부착된 측정기기는 교정 대상

③ 기타 설비에 부착된 측정기기는 비교 교정

7.1.6 조직의 지식

조직은 프로세스 운용에 필요한, 그리고 제품 및 서비스의 적합성 달성에 필요한 지식을 정하여야 한다. 이 지식은 유지되고, 필요한 정도까지 이용 가능하여야 한다. 변화하는 니즈와 경향(trend)을 다룰 경우, 조직은 현재의 지식을 고려하여야 하고, 추가로 필요한 모든 지식 및 요구되는 최신 정보의 입수 또는 접근 방법을 정하여야 한다.

- [비고 1] 조직의 지식은 조직에게 특정한 지식으로, 일반적으로 경험에 의해 얻어진다. 이는 조직의 목표를 달성하기 위하여 활용되고 공유되는 정보이다.
- [비고 2] 조직의 지식은 다음을 기반으로 할 수 있다.

(a) 내부 출처(예: 지적 재산, 경험에서 얻은 지식, 실패 및 성공한 프로젝트로부터 얻은 교훈, 문서화되지 않은 지식 및 경험의 포착과 공유, 프로세스, 제품 및 서비스에서 개선된 결과)

(b) 외부 출처(예: 표준, 학계, 컨퍼런스, 고객 또는 외부공급자로부터 지식 수집)

[부속서 A.7] 조직적 지식(아래 내용은 기존에 본문에 있던 것보다 뒤의 [부속서]에 나온 글이 좀 더 읽기에 좋아서 이 글로 바꾸어 적은 것입니다.)

이 표준의 7.1.6에서, 조직의 프로세스 운용을 보장하기 위하여, 그리고 제품 및 서비스의 적합성을 달성할 수 있음을 보장하기 위하여, 조직이 유지하는 지식을 정하고 관리할 필요성을 다룬다. 조직의 지식에 관한 요구사항은, 다음의 목적을 위해 도입되었다.

(a) 지식의 손실로부터 조직을 보호, 예를 들면

- 조직원의 이직
- 정보수집 및 공유의 실패

(b) 조직의 지식획득 장려, 예를 들면

- 경험으로부터의 학습
- 멘토링
- 벤치마킹

1) 설명

- 생각하고 행동할 수 있는 능력
- 일하는 방법을 개선, 개발, 혁신을 통해 부가가치를 높이는 능력
- 경영목표를 달성하기 위해 적절한 때에 적절한 곳에 스킬과 정보를 선택하여 적용시키는 능력

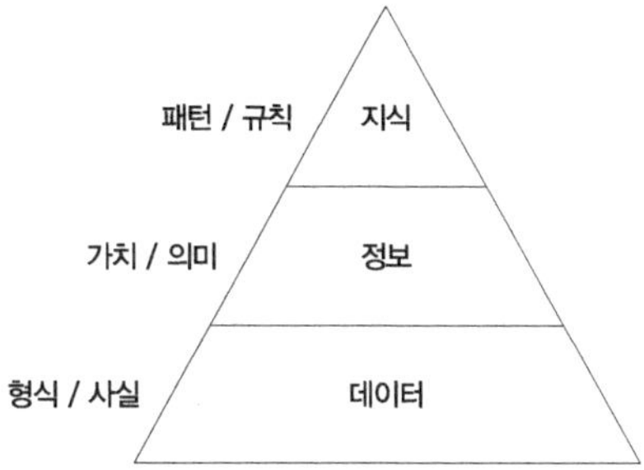

[예]
내일 날씨가 추우니까 파이프가 얼지 않도록 보일러를 틀어 놓고 퇴근함
날씨가 영하 5도 이하면 추운 날씨임
영하 5도

7.2 역량/적격성

조직은 다음 사항을 실행하여야 한다.

(a) 품질경영시스템의 성과 및 효과성에 영향을 미치는 업무를 조직의 관리하에 수행하는 인원에 필요한 역량을 결정

(b) 이들 인원이 적절한 학력, 교육훈련 또는 경험에 근거하여 역량이 있음을 보장

(c) 적용 가능한 경우, 필요한 역량을 얻기 위한 조치를 취하고, 취해진 조치의 효과성을 평가

(d) 역량의 증거로 적절한 문서화된 정보를 보유

- [비고] 적용할 수 있는 조치에는, 예를 들어 현재 고용된 인원에 대한 교육훈련 제공, 멘토링이나 재배치 실시 등이 있다.

1) 용어

– 3.10.4 역량/적격성(Competence): 의도된 결과를 달성하기 위해 지식 및 스킬을 적용하는 능력

- [비고 1] 입증된 역량/적격성은 때로는 자격인정이라 언급된다.

● [비고 2] 이 용어와 정의는 ISO/IEC Directives, Part 1에 통합된 ISO 부록 Annex SL에 제시된 ISO경영시스템 표준을 위한 공통 용어와 핵심 정의중의 하나이다. 본래의 정의는 [비고 1]을 추가함으로써 수정되었다.

2) 적격성

- 각각의 기능(부문) 및/또는 활동에 요구되는 적격성이 파악되어 적절한 인원이 할당될 수 있어야 한다.
- 적격성은 "효과적으로 업무를 수행할 수 있는 기능이나 능력을 가지는" 사람으로 정의될 수 있다. "효과적으로 업무를 수행하는 것"은 의도하고자 하는 결과를 달성하는 것을 의미한다.
- 적격성은 관련된 학력, 교육훈련 또는 경험에 의하여 정의되어야 한다.
- 제품요구사항에 대한 적합성에 영향을 미치는 업무를 수행하는 인원(검사(시험)인원, 내부감사자, 설계인원 및 특별공정 작업인원)에 대해서는 적격성의 평가가 실시되어야 하나, 조직의 상황에서 서비스 등의 업무를 수행하는 인원에도 적격성이 평가되고 자격이 부여되어야 한다.

3) 교육훈련

- 필요한 적격성을 충족시키기 위한 조치 계획이나 교육 · 훈련 계획 수립
- 필요한 적격성을 충족시키기 위한 조치 실행이나 교육 · 훈련의 실시
- 취해진 조치에 대한 효과 파악
- 교육대상자원(신입사원, 경영층, 기술요원, 감독자 및 운전요원 등 계층별, 기능별 실시 내용)

4) 교육 · 훈련의 효과성 평가에 관련된 사항

- 교육 · 훈련 후에, 교육 · 훈련을 받은 개인의 능력을 평가(이것은 주기적인 재평가도 포함된다)
- 요구되는 교육 · 훈련이 교육 · 훈련이 교육 · 훈련 필요성 파악 결과에 따라 제공되고 있다는 것과, 제공되고 있는 교육 · 훈련이 제품에 대한 품질이나 조직의 성과에 적절히 기여한다는 것을 보장하기 위한 교육 · 훈련 시스템의 검토, 즉 인원에 대한 직접적인 평가, 품질경영시스템에 대한 성과 파악(교육 · 훈련 실시 후 품질, 생산성 등의 추이) 등이다.

5) 관련 기록 및 기록 유지 대상의 예

- 교육 · 훈련 계획서
- 경험과 관련된 기록(경력증명서, 근무경력서 등)
- 자격과 관련된 기록(자격증 사본, 자격 부여증 등)
- 수료증
- 교육 훈련 기록 및 효과 파악 기록(숙련도 평가 기록 등)
- 필요시 관련 교안

▌7.3 인식

조직은, 조직의 관리하에 업무를 수행하는 인원이 다음 사항을 인식하도록 보장하여야 한다.

(a) **품질방침**

(b) **관련된 품질목표**

(c) **개선된 성과의 이점을 포함하여, 품질경영시스템의 효과성에 대한 자신의 기여**

(d) **품질경영시스템의 요구사항에 부적합한 경우의 영향**

인식에 관련된 사항으로는,

- 자신이 수행하고 있는 업무의 중요성에 대한 종업원들의 인식
- 품질목표를 달성하기 위한 자신들의 기여 방법
- 이러한 사항들은 흔히 현장심사 시 종업원들과의 인터뷰 등을 통해 확인될 수 있다.

7.4 의사소통

조직은 다음 사항을 포함하여 품질경영시스템에 관련되는 내부 및 외부 의사소통을 결정하여야 한다.

(a) **의사소통 내용**

(b) **의사소통 시기**

(c) **의사소통 대상**

(d) **의사소통 방법**

(e) **의사소통 담당자**

1) 내부 의사소통

조직의 최고경영자는 품질요구사항, 품질방침, 품질목표 및 실적을 전

달하기 위한 효과적이고 효율적인 프로세스를 정하고 실행하여야 한다. 이와 관련된 정보를 조직 구성원들에게 제공함으로써 품질목표를 달성하는데 구성원들의 참여 및 개선을 위한 자원이 된다.

① 의사소통을 위한 활동은 다음과 같은 것을 고려할 수 있다.

- 직업/업무 장소에서 경영자가 리드하는 의사소통
- 실적 안정을 위한 것과 같은 팀 브리핑과 기타 회의
- 게시판, 사내 간행물/잡지
- 전자우편 및 웹사이트 같은 시청각 및 전자매체
- 종업원 조사, 제안제도 등

② 조직의 구성원들에게 품질경영시스템의 성과가 전달된다면 이는 자신들의 노력이 단순한 작업 하나로서가 아닌, 조직 전체의 성과에 일부로서 기여한다는 자부심을 가질 수 있으며 이를 통해 적극적인 참여를 유도할 수 있다.

③ 고객 요구사항, 고객 불만족, 품질목표 및 달성 정도, 품질경영시스템의 개선 프로세스 등에 대한 인식을 확인하고, 의사소통 프로세스의 효과성을 조사한다.

2) 이해관계자 의사소통

고객, 소유주, 공급자, 금융인, 규제당국, 노동조합, 파트너 또는 경쟁자 또는 반대 입장의 압력집단을 포함하는 사회에 대한 의사소통 방법을 확보할 필요가 있다.

7.5 문서화된 정보

7.5.1 일반사항

조직의 품질경영시스템에는 다음 사항이 포함되어야 한다.

(a) **이 표준에서 요구하는 문서화된 정보**

(b) **품질경영시스템의 효과성을 위하여 필요한 것으로, 조직이 결정한 문서화된 정보**

- [비고] 품질경영시스템을 위한 문서화된 정보의 정도는, 다음과 같은 이유로 조직에 따라 다를 수 있다.
  - 조직의 규모, 그리고 활동, 프로세스, 제품 및 서비스의 유형
  - 프로세스의 복잡성과 프로세스의 상호 작용
  - 인원의 역량

7.5.2 작성(creating) 및 갱신

문서화된 정보를 작성하거나 갱신할 경우, 조직은 다음 사항의 적절함을 보장하여야 한다.

(a) **식별 및 내용(description)**(예: 제목, 날짜, 작성자 또는 문서번호)

(b) **형식**(예: 언어, 소프트웨어 버전, 그래픽) **및 매체**(예: 종이, 전자 매체)

(c) **적절성 및 충족성에 대한 검토 및 승인**

7.5.3 문서화된 정보의 관리

7.5.3.1 보장사항

품질경영시스템 및 이 표준에서 요구되는 문서화된 정보는, 다음 사항을 보장하기 위하여 관리되어야 한다.

(a) **필요한 장소 및 필요한 시기에 사용 가능하고 사용하기에 적절함.**

(b) **충분하게 보호됨**(예: 기밀유지 실패, 부적절한 사용 또는 완전성 훼손으로부터).

7.5.3.2 적용사항

문서화된 정보의 관리를 위하여, 다음 활동 중 적용되는 사항을 다루어야 한다.

(a) **배포, 접근, 검색 및 사용**

(b) **가독성 보존을 포함하는 보관 및 보존**

(c) **변경 관리**(예: 버전 관리)

(d) **보유 및 폐기**

품질경영시스템의 기획과 운용을 위하여 필요하다고, 조직이 정한 외부 출처의 문서화된 정보는 적절하게 식별되고 관리되어야 한다. 적합성의 증거로 보유 중인 문서화된 정보는, 의도하지 않은 수정으로부터 보호되어야 한다.

● [비고] 접근(access)이란 문서화된 정보를 보는 것만 허락하거나, 문서화된 정보를 보고 변경하는 허락 및 권한에 관한 결정을 의미할 수 있다.

[부속서 A.6] 문서화된 정보

다른 경영시스템 표준과의 정렬의 일환으로 "문서화된 정보"에 대한 공통적인 항은, 중대한 변경 또는 추가(7.5 참조) 없이 채택되었다. 적절한 경우, 이 표준의 다른 곳의 본문/내용(text)은, 이 표준의 요구사항과 정렬되었다. 결과적으로 "문서화된 정보"는 모든 문서 요구사항에 사용된다.

KS Q ISO 9001:2015에서 "문서", "문서화된 절차", "품질매뉴얼" 또는 "품질계획서"같은 특정 용어가 사용된 반면, 이 표준의 2015년판에서는 "문서화된 정보를 유지"에 대한 요구사항을 규정한다.

KS Q ISO 9001:2015에서 요구사항에 적합하다는 증거를 제공하기 위하여 필요한 문서를 "기록"이라는 용어로 사용했지만, 지금은 "문서화된 정보의 보유"에 대한 요구사항으로 표현된다. 조직은 보유가 필요한 문서화된 정보, 보유 기간 및 보유에 사용되는 매체에 대하여 결정할 책임이 있다.

문서화된 정보의 "유지"에 대한 요구사항은 조직이 특별한 목적을 위하여 동일한 문서화된 정보, 예를 들어 이전 버전을 "보유"할 필요가 있다는 가능성을 제외하지 않는다.

이 표준에서 "문서화된 정보" 이외에 "정보"라고 언급될 경우(예를 들어, 4.1에는 "조직은, 이러한 외부 및 내부 이슈에 대한 정보를 모니터링하고 검토하여야 한다."로 규정되어 있다), 이 정보가 문서화되어야 한다는 요구사항은 없다. 그러한 경우 조직은 문서화된 정보를 유지하는 것이 필요한지 또는 적절한지 여부를 결정할 수 있다.

1) 용어

① 3.8.5 문서

정보(3.8.1) 및 정보가 포함된 매체

- [보기] 기록(3.8.10), 시방서(3.8.7), 절차(3.4.5)문서, 도면, 보고서, 표준
- [비고 1] 매체는 종이, 자기, 전자 또는 광학 컴퓨터 디스크, 사진 또는 한도견본, 또는 그것의 조합일 수 있다.
- [비고 2] 일련의 문서, 예를 들면 시방서(3.8.7) 및 기록(3.8.11)과 같은 일련의 문서를"문서류"라 칭한다.
- [비고 3] 어떤 요구사항(3.6.4)(예: 읽을 수 있는 요구사항)은 모든 형태의 문서에 관련된다. 그러나 시방서(3.8.7)(예: 개정관리가 되어야 하는 요구사항)과 기록(3.8.10)(예: 검색 가능해야 하는 요구사항)에 대한 요구사항은 다를 수 있다.

② 3.8.6 문서화된 정보

조직(3.2.1)에 의해 관리되고 유지되도록 요구되는 정보(3.8.2) 및 정보가 포함되어 있는 매체

- [비고 1] 문서화된 정보는 어떠한 형태 및 매체일 수 있으며 어떠한 출처로부터 올 수 있다.
- [비고 2] 문서화된 정보는 다음으로 언급될 수 있다.
    - 관련 프로세스(3.6.1)를 포함하는 품질경영시스템(3.5.3)
    - 조직(3.2.1)에서 운영하기 위해서 만든 정보(3.8.2)(문서화)
    - 달성된 결과의 증거[기록(3.8.10)]
- [비고 3] 이 용어와 정의는 ISO/IEC Directives, 제1부의 통합 ISO

보충판의 부속서 Annex SL에 제시된 ISO 경영시스템 표준을 위한 공통 용어와 핵심 정의중의 하나이다.

③ 3.8.7 시방서

요구사항(3.6.4)을 명시하는 문서(3.8.5)

- [보기] 품질매뉴얼(3.8.8), 품질계획서(3.8.9), 기술도면, 절차문서, 작업지침
- [비고 1] 시방서는 활동[예: 절차문서, 프로세스(3.4.1) 시방서 및 시험(3.11.8)(앞의 도표에는 3.11.8이 없으니 확인 바랍니다.) 시방서], 또는 제품(3.7.6)[예: 제품시방서, 성능(앞의 도표에는 '성과'라 명시되어 있습니다.)(3.7.8)시방서 및 도면)]에 관련될 수 있다.
- [비고 2] 요구사항을 추가적으로 시방서로 기술하는 것은 설계 및 개발(3.4.8)에 의해 달성되는 결과를 명시하는 것이며, 그에 따라 어떤 경우에는 기록(3.8.10)으로 사용될 수 있다.

④ 3.8.8 품질매뉴얼

조직(3.2.1)의 품질경영시스템(3.5.4)에 대한 시방서(3.8.7)

- [비고] 품질매뉴얼은 개별 조직(3.2.1)의 규모와 복잡성에 적절하게 세부적으로 그리고 형태가 다양할 수 있다.

⑤ 3.8.9 품질계획서

특정 대상(3.6.1)에 대해 적용시점과 책임을 정한 절차(3.4.5) 및 연관된 자원에 관한 시방서(3.8.7)

- [비고 1] 이들 절차는 일반적으로 품질경영(3.3.4) 프로세스(3.4.1)와 제품(3.7.6) 및 서비스(3.7.7) 실현 프로세스에서 언급하는 것들을 포

함한다.

- [비고 2] 품질 계획서는 흔히 품질매뉴얼(3.8.8)이나 절차 문서(3.8.5)의 일부를 인용한다.
- [비고 3] 품질 계획서는 일반적으로 품질기획(3.3.5)의 결과 중 하나이다.

⑥ 3.8.10 기록

달성된 결과를 명시하거나 수행한 활동의 증거를 제공하는 문서(3.8.5)

- [비고 1] 기록은, 예를 들면 추적성(3.6.13)을 공식화하고 검증(3.8.12), 예방조치(3.12.1) 및 시정조치(3.12.2)의 증거를 제공하기 위해 사용될 수 있다.
- [비고 2] 일반적으로 기록은 개정 · 관리할 필요가 없다.

⑦ 3.8.11 프로젝트 관리계획

프로젝트(3.4.2)의 목표(3.7.1)를 만족시키는 데 필요한 것을 명시한 문서(3.8.5)

- [비고 1] 프로젝트 관리 계획은 프로젝트(3.4.2), 품질계획서(3.8.9)를 포함하거나 참조하여야 할 것이다.
- [비고 2] 프로젝트 관리 계획은 조직 구조, 자원, 일정, 예산, 리스크(3.7.9) 경영(3.3.3), 환경경영, 안전보건 경영 및 보안 경영(3.3.3)에 관련된 것과 같은 다른 계획 또한 적절하게 포함하거나 인용한다.

2) 문서화된 정보

① 문서화의 의미

- maintaining
- ISO 9001:2015에서 "문서", "문서화된 절차", "품질매뉴얼" 또는 "품질계획서" 같은 특정 용어가 사용됨

② 기록의 의미

- Retaining
- ISO 9001:2015에서 요구사항에 적합하다는 증거를 제공하기 위하여 필한 문서를 "기록"이라는 용어를 사용

• 유지(5개)(아래는 4개이니 확인 바랍니다.)

maintaining

- The scope of the quality management system
  : QMS의 적용범위는 문서화된 정보로 이용 가능하고 유지(clause 4.3)
- Documented information necessary to support the operation of processes
  : 프로세스 운용을 지원하기 위하여 문서화된 정보의 유지 (4.4.2.a)
- The quality policy(clause 6.2)
  : 조직은 품질목표에 관하여 문서화된 정보를 유지(6.2.1)
- This documented information is subject to the requirements of clause 7.5

: 7.5항이 요구(하위대상)하는 문서화된 정보(7.5.1.a,b)

(이 표준이 요구하는 문서화된 정보, QMS 효과성을 위해 조직이 결정한 문서화된 정보)

- 보유(21개)(아래 '–'는 총 20개이니 확인 바랍니다.)

Retaining

- 프로세스가 계획대로 수행되고 있다는 확신을 갖기 위하여 문서화된 정보의 보유(4.4.2.b)
- 모니터링 자원과 측정 자원의 목적에 적합하다는 증거로, 적절한 문서화된 정보를 보유(7.1.5.1)
- 측정소급성(교정 또는 검증의 표준이 없는 경우 사용된 근거를 문서화된 정보로 보유(7.1.5.2.a)
- 인원에 필요한 역량을 결정할 때 역량 결정의 증거로 적절한 문서화된 정보를 보유(7.2.a,d)
- 제품 및 서비스에 대한 새로운 요구사항 및 검토 결과(8.2.3.2a,b) 설계 및 개발 요구사항이 충족되었음을 실증하는 데 필요한 문서화된 정보(8.3.2.j)
- 설계 및 개발 입력에 대한 문서화된 정보를 보유(8.3.3)
- 설계와 개발관리 활동(검토, 검증, 실현성 확인)에 대한 문서화된 정보의 보유(8.3.4.f)
- 설계 및 개발 출력에 대한 문서화된 정보의 보유(8.3.4)
- 설계 개발 변경, 검토 결과, 변경의 승인, 부정적 영향을 예방하기 위해 취한 조치 정보(8.3.6.a~d)
- 외부 공급자의 평가, 선정, 성과 모니터링 및 재평가를 통해 발생한 모든 필요한 조치의 정보(8.4.1)

- 추적성이 요구사항인 경우, 출력의 고유한 식별을 관리하여야 하며, 추적이 가능하기 위해 필요한 문서화된 정보를 보유(8.5.2)
- 고객 또는 외부공급자의 재산이 분실, 손상 또는 사용하기에 부적절한 것으로 판명된 경우, 조직은 고객 또는 외부공급자에게 이를 통보하여야 하며, 발생한 사항에 대해 정보를 보유(8.5.3)
- 생산 또는 서비스 공급자의 변경에 대한 검토결과 등 필요한 모든 조치사항 정보 보유(8.5.6)
- 제품 및 서비스의 불출에 관련된 정보(합격판정 적합 증거, 불출승인 인원의 추적성)(8.6.a,b)
- 부적합 출력/산출물(output)의 관리: 부적합에 대한 기술, 취해진 조치, 승인된 특채, 부적합 활동을 결정하는 책임의 식별 정보(8.7.2.a~d)
- QMS성과 및 효과성 평가결과 증거로 적절한 문서화된 정보(9.1.1)
- 내부심사 프로그램의 실행 및 심사결과의 증거로 문서화된 정보의 보유(9.2.2.f)
- 경영검토 결과의 증거로 문서화된 정보를 보유(9.3.3)
- 부적합 및 시정조치 → 부적합의 성질 및 취해진 모든 후속조치(10.2.2.a)
- 부적합 및 시정조치 → 모든 시정조치의 결과(10.2.2.b)

8.
운용

8.1 운용 기획 및 관리

조직은 다음 사항을 통하여, 제품 및 서비스의 제공을 위한 요구사항을 충족하기 위해 필요한, 그리고 6절에서 정한 조치를 실행하기 위해 필요한 프로세스(4.4 참조)를 계획, 실행 및 관리하여야 한다.

(a) **제품 및 서비스에 대한 요구사항 결정**

(b) **다음에 대한 기준 수립**

- 프로세스
- 제품 및 서비스의 합격 판정

(c) **제품 및 서비스 요구사항에 대한 적합성을 달성하기 위해 필요한 자원의 결정**

(d) **기준에 따라 프로세스 관리의 실행**

(e) **다음을 위해 필요한 정도로 문서화된 정보의 결정, 유지 및 보유**

- 프로세스가 계획된 대로 수행되었음에 대한 신뢰 확보
- 제품과 서비스가 요구사항에 적합함을 실증

이 기획의 출력은 조직의 운용에 적절하여야 한다.

조직은 계획된 변경을 관리하고, 의도하지 않은 변경의 결과를 검토해야 하며, 필요에 따라 모든 부정적인 영향을 완화하기 위한 조치를 취하

여야 한다. 조직은 외주처리 프로세스가 관리됨을 보장하여야 한다(8.4 참조).

필요한 프로세스와 활동은 품질기획을 통하여 파악되며, 정해지고 실행되어야 한다. 프로세스 목표의 설정과 감시를 포함하는 프로세스관리 어프로치는 각각의 주요 프로세스가 기대에 일치하는 결과를 낳고 있음을 보장하는 것을 필요로 하고 있다. 프로세스를 명확히 규정할 때는, 필요한 입력과 요구되는 출력을 규정하여야 한다.

1) 운영기획 및 관리

운영기획 및 관리는 조직이 생산하는 제품에 가치를 부여하는 프로세스이다.

2) 제품 실현의 기획

제품 실현을 기획할 때 제조업의 경우는 다음 사항을 결정해야 한다.

① 제품에 대한 품질목표 및 요구사항 결정

- 제품표준, 도면, 자재표준, 시방 결정

② 프로세스 및 문서를 수립할 필요성

- 공정설계 : 공정흐름/공정분할 결정(제조/QC 공정도)
- 공정관리 기준 설정(공정관리 기준표)
- 작업방법(작업표준)/운전방법(운전표준)/보전방법(보전표준 등)

③ 특정자원의 확보의 필요성 결정

- 제조설비/검사설비/금형/치구 등
- 특정작업 환경(무분진실, 무균실 등)
- 특정자격소지자 등

④ 제품 및 제품 합격기준에 요구되는 검증, 타당성 확인 모니터링, 검

사 및 시험활동 결정

- 검사표준, 검사기준서, 검사업무절차서
- 공정 모니터링 기준 등

⑤ 필요한 기록

- 작업일지, 공정체크리스트지, 배합일지 등

3) 품질기획의 출력

품질기획의 출력은 조직의 운영 방식에 따라 여러 형태일 수 있다.

- [예] 품질기획서, 제조/QC공정도, 프로세스 흐름도 등

▎8.2 제품 및 서비스 요구사항

8.2.1 고객과의 의사소통

고객과의 의사소통에는 다음 사항이 포함되어야 한다.

(a) **제품 및 서비스 관련 정보 제공**

(b) **변경을 포함하여 문의, 계약 또는 주문의 취급**

(c) **고객 불평을 포함하여 제품 및 서비스에 관련된 고객 피드백 입수**

(d) **고객 재산의 취급 및 관리**

(e) **관련될 경우, 비상조치를 위한 특정 요구사항 수립**

1) 용어의 정의

3.2.4 고객(Customer)

개인 또는 조직을 위해 의도되거나 그들에 의해 요구되는 제품(3.7.6)

또는 서비스(3.7.7)를 받을 수 있거나 제공받는 개인 또는 조직(3.2.1)

- [보기] 소비자, 고객, 최종사용자, 소매업자, 내부 프로세스(3.6.1)로부터의 제품 또는 서비스 수령자, 수혜자 및 구매자
- [비고] 고객은 조직(3.2.1)의 내부 또는 외부일 수 있다.

2) 고객 의사소통

주문 이전, 주문 도중 및 주문 이후의 모든 단계에서 고객과의 의사전달을 수월하게 하는 시스템이 있어야 한다.

① 조직은 프로세스 활동을 시작하기 전에 고객 또는 이해 관계자의 프로세스 요구사항을 완전하게 이해하여야 한다.

② 특히 모든 단계에서 고객과 의사소통을 할 수 있는 프로세스를 갖추고 실행하여야 한다.

③ 초기단계에서 고객의 요구사항을 명확히 이해하고 파악하여 다음 단계로 진행함으로써 나중에 문제가 발생할 소지를 없애고 비용을 줄일 수 있음은 물론 효율적인 후속조치를 취하기 위해서도 필요하다. 특히 다음 사항에 대하여는 고객과의 의사소통 방법을 갖추고 이를 실행하여야 한다.

- 제품 정보
- 문의, 계약, 주문 및 변경사항
- 고객 불만을 포함한 고객 피드백 등

④ 제품 실현의 모든 단계에서 고객과의 이러한 의사소통이 이루어져야 한다. 고객과의 의사소통 방법으로는 정기적인 회의체 운영, 팀 미팅, 현장 방문, 문서의 교환 등이 있다.

8.2.2 제품 및 서비스에 대한 요구사항의 결정

고객에게 제공될 제품 및 서비스에 대한 요구사항을 결정할 경우, 조직은 다음 사항을 보장하여야 한다.

(a) **제품 및 서비스 요구사항은 다음을 포함하여 규정된다.**

- 적용되는 모든 법적 및 규제적 요구사항
- 조직에 의해 필요하다고 고려된 요구사항

(b) **조직은 제공하는 제품 및 서비스에 대한 요구(claim)를 충족시킬 수 있다.**

조직은 고객만족을 보장하기 위하여 제품 관련 요구사항을 파악하는 프로세스를 수립하고 이에 따라 요구사항을 파악하고 결정해야 한다.

1) 결정사항

① 고객 요구사항

- 제품의 외관, 치수, 성능 등
- 인도 요구사항
- 포장, 표시, 인도장소, 납기 등
- 인도 후 활동
- 불만처리사항, A/S 관련사항 등

② 명시되지 않았지만 규정되거나, 의도된 사용에 필요한 요구사항

- 고객이 명시하지 않았으나 제품사용에 필요한 품질 특성
- 사용설명서 등

③ 법적 및 규제 요구사항

- 환경적(재활용, 사용 후 처리 등), 전자기적(전자파 등), 전기적(전기 안

전), 안전, 화재 등

- 독극물, 유해물질 등

④ 고객이 추가한 사항

- 고객을 포함한 제품 관련 요구사항을 파악하는 프로세스를 갖추고 이러한 프로세스에 따라 요구사항을 파악하고 이를 결정해야 한다.

2) 요구사항 파악 및 결정 방법

고객 요구사항을 파악하고 결정하는 방법에는 다양한 방법이 있을 수 있다.

① 제품 관련 법적 및 규제 요구사항에 대하여 강제적 요구사항으로 명문화된 경우가 있다.

- [예] KS 제품 인증의 경우 관련 KS 표준과 심사 기준의 요구사항을 만족시켜야 하며, 자동차의 경우 배출가스 등에서 정한 관련 법규를 만족시켜야 한다.

② 제품 관련 고객 요구사항을 파악하고 결정하는 방법 중 품질기능전개(QFD), 설문조사, 계약서, 관련 도면, 시방서 등이 다양하게 있다.

3) 주요 제조업의 법적 요구사항 관련 표

03 식품, 음료, 담배	식품안전기본법
	식품위생법
	제조물 책임법
	식품의약품분야 시험검사 등에 관한 법률
	건강기능식품에 관한 법률
04, 05 직물 및 가죽제품	제조물 책임법
	안전품질표시대상 공산품의 안전, 품질표시기준
06 목재 및 목재제품	제조물 책임법
	목재의 지속 가능한 이용에 관한 법률

07 펄프 및 종이제품	제조물 책임법
08,09 출판업 / 인쇄업	저작권법
	출판문화산업진흥법
	인쇄문화산업진흥법
12,14 화학물, 화학물 제품 / 고무 및 플라스틱 제품	제조물 책임법
	유해화학물질 관리법
	유해화학물질 관리법 시행규칙
	화학물질 관리법
	화장품법
13 의약품	건강기능식품에 관한 법률
	건강기능식품에 관한 법률 시행규칙
	식품안전기본법
	식품위생법
	색품의약품 안전처 소관비상대비 자원관리법 시행규칙
	약사법
	의약품등의 제조업 및 수입자의 시설 기준형

15 비금속 광물 제품	제조물 책임법
	유리섬유재의판정기준
16 콘크리트, 시멘트, 석회, 석고	제조물 책임법
	고강도 콘크리트 기둥, 보의 내화성능 관리기준
	폐기물저장시설중 콘크리트 구조물 안전기준에 관한 지침
	콘크리트 표준시방서

8.2.3 제품 및 서비스에 대한 요구사항의 검토

8.2.3.1 제품 및 서비스의 공급 전 검토사항

조직은 고객에게 제공될 제품 및 서비스에 대한 요구사항을 충족시키는 능력이 있음을 보장하여야 한다. 또한 조직은 고객에게 제품 및 서비스의 공급을 결정하기 전에, 다음 사항을 포함하여 검토를 실시하여야 한다.

(a) **인도 및 인도 이후의 활동에 대한 요구사항을 포함하여, 고객이 규정한 요구사항**
(b) **고객이 명시하지 않았으나 알려진 경우, 규정되거나 의도된 사용에 필요한 요구사항**
(c) **조직에 의해 규정된 요구사항**
(d) **제품이나 서비스에 적용되는 법적 및 규제적 요구사항**
(e) **이전에 표현된 것과 상이한 계약 또는 주문 요구사항**

조직은 이전에 규정한 요구사항과 상이한 계약 또는 주문 요구사항이 해결되었음을 보장하여야 한다. 고객이 요구사항을 문서화된 상태로 제시하지 않는 경우, 고객 요구사항은 수락 전에 조직에 의해 확인되어야 한다.

- [비고] 인터넷 판매 등과 같은 상황에서는, 각각의 주문에 대한 공식적인 검토가 비현실적이다. 이러한 경우, 카탈로그와 같은 관련 제품 정보를 검토하는 것으로 대신할 수 있다.

8.2.3.2 보유해야 할 정보

조직은 적용될 경우, 다음 사항에 대한 문서화된 정보를 보유하여야 한다.

(a) **검토 결과**
(b) **제품 및 서비스에 대한 모든 새로운 요구사항**

8.2.4 제품 및 서비스에 대한 요구사항의 변경

제품 및 서비스에 대한 요구사항이 변경된 경우, 조직은 관련 문서화된 정보가 수정된 사실을, 그리고 관련 인원이 변경된 요구사항을 인식하고 있음을 보장하여야 한다. 고객과의 약속을 이해하고, 그 약속을 충족시키는 능력은 고객 만족을 달성하는 기본적인 부분이다. 약속을 충족시키는 능력은 자원, 방법 및 의사전달과 같은 모든 측면에서 고려해 보아야 한다.

(a) 전항(8.2.2)에서 파악하고 결정된 제품 요구사항은 고객에게 제품 공급 여부를 결정 또는 약속하기 전에 검토해야 한다.

(b) 다음 3가지 사항에 대하여 검토를 해야 한다.

- 제품 요구사항이 정해짐
- 이전에 제시한 것(예: 발주서, 입찰서, 견직서 등)과 다른 계약 또는 주문 요구사항이 있는 경우 이것이 해결됨
- 요구사항을 충족시킬 능력이 있는지의 여부

(c) 검토 방법과 기록의 유지 방법은 조직의 규모나 제품의 특성 등에 따라 다양한 방법이 강구될 수 있다.

(d) 검토 및 검토 결과 필요한 조치를 취한 경우 이에 대한 결과가 기록으로서 유지되어야 한다.

(e) 고객이 요구사항을 문서화된 것(예: 서면, 도면 등)으로 제시하지 않은 경우, 수락 전 고객 요구사항을 확인해야 한다.

(f) 제품 요구사항이 변경된 경우에는 관련 문서를 수정하고 변경된 사항을 조직 내의 관련 인원에 통보하고 인식되어 있어야 한다.

(g) 최근 많은 거래가 이루어지고 있는 인터넷 판매와 같은 영업기법에 대한 검토 방법도 제시하고 있다.

8.3 제품 및 서비스의 설계 및 개발

8.3.1 일반사항

조직은 제품 및 서비스의 설계와 개발 이후의 공급을 보장하기에 적절한 설계와 개발 프로세스를 수립, 실행 및 유지하여야 한다.

8.3.2 설계와 개발 기획

설계와 개발에 대한 단계 및 관리를 결정할 때, 조직은 다음 사항을 고려하여야 한다.

(a) 설계와 개발 활동의 성질, 기간 및 복잡성
(b) 적용되는 설계와 개발 검토를 포함하여, 요구되는 프로세스 단계
(c) 요구되는 설계와 개발 검증 및 실현성 확인/타당성 확인(validation) 활동
(d) 설계와 개발 프로세스에 수반되는 책임 및 권한
(a) 제품 및 서비스의 설계와 개발에 대한 내부 및 외부 사원 필요성
(f) 설계와 개발 프로세스에 관여하는 인원 간 인터페이스의 관리 필요성
(g) 설계와 개발 프로세스에 고객 및 사용자의 관여 필요성
(h) 제품 및 서비스의 설계와 개발 이후의 공급을 위한 요구사항
(i) 설계와 개발 프로세스에 대해 고객 및 기타 관련 이해관계자가 기대하는 관리의 수준
(j) 설계와 개발 요구사항이 충족되었음을 실증하는 데 필요한 문서화된 정보

설계는 실현 가능성을 검토하고, 실행 측면을 검토하여야 한다. 평가를

위하여 견본이나 테스트 제품/서비스를 생산하는 경우도 있다. 전체적인 일정관리를 위하여 이들 단계를 계획하고 감시하여야 한다.

1) 설계 및 개발의 대상

설계 및 개발의 대상은 제품이며, 제품에 대한 설계 및 개발 활동을 계획하고, 관리해야 한다.

2) 제품의 설계 및 개발 계획에서 결정되어야 할 사항

- 설계 및 개발 프로세스의 단계
- 각 단계에 적절한 검토, 검증 및 실현성/타당성 확인
- 설계 및 개발 활동에 대한 책임과 권한

3) 효과적인 의사소통 및 책임의 명확성

효과적인 의사소통 및 책임의 명확성을 보장하기 위해 서로 다른 그룹 간의 연계성을 관리하여야 한다. 여기에는 내부조직은 물론 외부조직도 포함될 수 있다.

4) 설계 계획과 갱신

설계계획에서 설계가 진행됨에 따라 기획 출력물(예: 설계 및 개발 계획서 또는 품질계획서 등)은 갱신되어야 한다.

8.3.3 설계와 개발 입력

조직은 설계와 개발이 될 특정 형태의 제품 및 서비스에 필수적인 요구사항을 정하여야 한다. 조직은 다음 사항을 고려하여야 한다.

(a) **기능 및 성능/성과 요구사항**

(b) **이전의 유사한 설계와 개발활동으로부터 도출된 정보**

(c) **법적 및 규제적 요구사항**

(d) **조직이 실행을 약속한 표준 또는 실행지침**

(e) **제품 및 서비스의 성질에 기인하는 실패의 잠재적 결과**

입력은 설계와 개발 목적에 충분하며, 완전하고 모호하지 않아야 한다. 상충되는 설계와 개발 입력은 해결되어야 한다. 조직은 설계와 개발 입력에 대한 문서화된 정보를 보유하여야 한다. 설계 및 개발 입력은 매우 중요하다. 설계 및 개발 등이 잘못되는 경우, 다음 단계 이후 많은 문제점이 발생할 수 있고 이를 해결하기 위해서는 많은 시간과 비용이 요구되기 때문이다. 조직은 제품의 설계 및 개발에 영향을 미치고 고객과 이해 관계자의 욕구 및 기대를 만족시키기 위해 효과적이고 효율적인 프로세스 입력을 파악해야 한다.

1) 설계 및 개발 입력 요구사항

- 기능 및 성능 요구사항(고객/시장 요구사항, 국가/국제 표준 등)
- 적용되는 법적 및 규제 요구사항
- 이전의 유사한 설계로부터 도출된 정보(적용 가능한 경우)
- 실패/성공 사례
- 유사제품 설계 정보 등
- 기타 필수적인 요구사항 등
- 보관, 취급, 인도 및 설치
- 환경/폐기 등

2) 내부입력의 예

- 방침 및 목표
- 프로세스의 출력물 인수하는 인원을 포함한 조직 내부 인원의 욕구 및 기대
- 기술개발 현황
- 설계 및 개발을 수행하는 인원에 대한 능력 요구사항
- 과거 피드백 정보
- 현재의 프로세스 및 제품의 기록과 자료
- 다른 프로세스로부터의 출력 등

3) 외부 입력의 예

- 고객 또는 시장의 요구 및 기대
- 기타 이해관계자의 요구 및 기대
- 공급자의 기여
- 확실한 설계 및 개발을 위한 사용자 입력
- 법적 및 규제 요구사항에 의한 변경
- 국제 또는 국가 표준
- 산업 관련 시방 등

4) 안전 및 기타 요소

- 운전, 설치 및 적용
- 보관, 취급 및 인도
- 물리적 변수 및 환경

제품 폐기 요구사항

8.3.4 설계와 개발관리

조직은, 설계와 개발 프로세스에 다음 사항을 보장하기 위하여 관리/통제하여야 한다.

(a) **달성될 결과의 규정**

(b) **설계와 개발 결과가 요구사항을 충족하는지의 능력을 평가하기 위한 검토 시행**

(c) **설계와 개발의 출력이 입력 요구사항에 충족함을 보장하기 위한 검증활동 시행**

(d) **결과로 나타난 제품 및 서비스가 규정된 적용에 대한, 또는 사용 의도에 대한 요구사항을 충족시킴을 보장하기 위한 실현성 확인 활동의 시행**

(e) **검토 또는 검증 및 실현성 확인 활동 중 식별된 문제점에 대해 필요한 모든 조치의 시행**

(g) **이들 활동에 대한 문서화된 정보의 보유**

● [비고] 설계와 개발 검토, 검증 및 실현성 확인에는 별개의 다른 목적이 있다. 설계와 개발 검토, 검증 및 실현성 확인은 조직의 제품 및 서비스에 적절하도록 별도로 또는 조합하여 시행될 수 있다.

1) 설계 및 개발 검토

설계 및 개발 목표가 달성되는지를 결정하기 위한 체계적인 검토를 해야 하며, 이런 검토는 설계 및 개발 프로세스뿐 아니라 설계 및 개발 종료 후 지정된 시점에서 수행될 수 있으며, 설계 검토는 설계 및 개발 단계에 관련되는 기능을 대표하는 인원에 의해 수행되어야 한다. 검토 결과 및 검토 관련 조치사항은 기록으로 유지하여야 한다. 설계 및 개발 검토 시 고려될 수 있는 주제의 예는 다음과 같다.

① 설계 및 개발 업무를 수행하기 위한 입력의 적정성

② 계획된 설계 및 개발 업무를 수행하기 위한 입력의 적정성

③ 검증 및 타당성 확인 목표 달성 여부

④ 제품 사용 시 잠재 위험 또는 결함 상태 평가

⑤ 제품 성능에 관한 라이프사이클 데이터

⑥ 설계 및 개발 프로세스 중 변경 및 영향 관리

⑦ 문제점의 파악 및 필요한 조치의 기회

⑧ 환경에 대한 제품의 잠재적 영향

2) 설계 및 개발 검증

제품 설계 검증은 설계 출력이 설계 입력 요구사항을 충족시키는지 실증하기 위한 것이며, 설계 및 개발 출력이 입력사항을 충족시킨다는 것을 보장하기 위해 검증이 수행되어야 한다.

① 출력에 대한 검증 활동 시 다음 사항을 고려할 수 있다.

- 입력 요구사항과 프로세스 출력과의 비교
- 설계 및 개발에 대한 대체 계산과 같은 비교 방법
- 유사 제품의 평가
- 특정한 입력 요구사항의 준수를 확인키 위한 시험 시뮬레이션 실험 또는 시운전
- 부적합 사항 또는 결함과 같은 과거 프로세스 경험으로부터 얻은 교훈에 대한 평가

② 검토 결과 및 후속조치 사항을 기록하고 관리하여야 한다.

3) 설계 및 개발 실현성 확인

제품이 실제 또는 가상 서비스 조건하에서 의도된 사용에 적합하다는 것을 보장하기 위해 제품 설계의 실현성 확인이 수행되어야 한다. 이 단계에서 설계 입력 기준에서의 중요한 결함이 분명하게 나타난다.

① 설계 및 개발 실현성 확인 수단에는 다음 사항을 고려할 수 있다.

- 시공, 설치 또는 적용에 앞서 엔지니어링 설계에 대한 실현성/타당성 확인
- 설치 또는 사용에 앞서 소프트웨어 출력에 대한 실현성/타당성 확인
- 시장에 전면적으로 출하하기 전에 직접적인 고객서비스에 대한 실현성/타당성 확인

② 설계 및 개발 방법과 결정이 검토될 수 있도록 검증 및 실현성/타당성 확인 활동을 통하여 충분한 데이터가 있어야 한다. 방법에 대한 검토는 다음 사항을 고려할 수 있다.

- 프로세스 및 제품 개선
- 출력의 사용 능력
- 프로세스 및 검토 기록의 적정성
- 실패 조사 활동
- 향후 설계 및 개발 프로세스 요구

③ 해당되는 경우 실현성 확인은 제품의 인도전이나 실행 전에 실시하여야 한다.

④ 실현성/타당성 확인 결과 및 요구되는 조치사항을 기록하고 관리하여야 한다.

8.3.5 설계와 개발 출력

조직은 설계와 개발 출력이 다음과 같음을 보장하여야 한다.

(a) 입력 요구사항 충족

(b) 제품 및 서비스 제공을 위한 후속 프로세스에 대해 충분함

(c) 해당되는 경우, 모니터링과 측정 요구사항의 포함 또는 인용, 그리고 합격 판정기준의 포함 또는 인용

(d) 의도한 목적에, 그리고 안전하고 올바른 공급에 필수적인 제품 및 서비스의 특성 규정조직은 설계와 개발 출력에 대한 문서화된 정보를 보유하여야 한다.

요구사항이 바르게 해석되고, 실행됨을 확인할 수 있도록 하기 위해, 설계 프로세스부터 다양한 출력이 작성된다. 주요 측면의 생략이 전혀 없도록 하기 위하여 합격판정 기준과 합격, 불합격의 처리에 대한 권한은 미리 계획되어야 한다. 각 설계/개발 단계에서의 출력은 그 단계에 대한 모든 입력 요구사항이 충족되었다는 검증이 가능하도록 하기 위해 기록되어야 한다. 합격판정 기준은 기술되어야 하며, 작업에 대한 제한이 있는 경우 그 제한은 기술되어야 한다. 설계 출력을 배포하기 위해서는 합의된 기준에 근거한 적절한 승인이 필요하다.

① 설계 및 개발 출력은 계획된 요구사항에 대하여 검증 및 실현성 확인이 가능하도록 하는 정보를 포함하여야 한다.

② 설계 및 개발 출력은 다음의 예와 같은 형태일 수 있다.

- 프로세스 입력과 프로세스 출력의 비교를 실증한 데이터
- 인수/중간/제품검사 표준(검사기준서)

③ 시험 표준/작업표준서/도면/QC 공정도

④ 교육 · 훈련 요구사항

⑤ 사용자/소비자 정보/사용설명서

⑥ 구매 요구사항

⑦ 자격시험 보고서 등

이러한 출력물들은 문서화하여 승인 후 배포되어야 한다.

8.3.6 설계 및 개발 변경

조직은 제품 및 서비스의 설계와 개발 과정, 또는 이후에 발생된 변경사항을 요구사항의 적합성에 부정적 영향이 없음을 보장하는 데 필요한 정도까지 식별, 검토 및 관리하여야 한다. 조직은 다음 사항에 대한 문서화된 정보를 보유하여야 한다.

(a) **설계와 개발 변경**

(b) **검토 결과**

(c) **변경의 승인**

(e) **부정적 영향을 예방하기 위해 취한 조치**

설계출력은 그것의 사용과 기능상 반드시 필요한 기본적인 특성을 포함해야 한다. 조직 중에서는 더욱 상세하고 엄격한 분석이 예상되는 경우에 FMEA(고장형태 영향분석) 또는 QFD(품질기능 전개)와 같은 기법에 기초하여 안전이나 기능상 중요한 문제를 언급하는 것이 필요할 수 있다.

① 변경사항을 파악하고 기록을 유지해야 한다.

② 변경사항은 설계단계와 같은 방법으로 검토, 검증 및 타당성 확인을 하여야 한다.

③ 변경에 대하여 실행 전에 승인하여야 한다(해당되는 경우 업종이나 제품

의 특성에 따라 가능하지 못한 경우도 있을 수 있음).

④ 복잡한 프로젝트나 소프트웨어를 개발하는 데 있어서는 하나의 구성 부품의 변경이 프로젝트/시스템 전체에 영향을 미칠 수도 있다.

⑤ 따라서 이에 대한 평가도 필요한 경우 포함하여야 하며, 인도한 제품에 대한 영향도 평가해야 한다.

⑥ 변경 후 검토 결과 및 후속조치의 결과를 기록으로 유지해야 한다.

8.4 외부에서 제공되는 프로세스, 제품 및 서비스의 관리

8.4.1 일반사항

조직은 외부에서 제공되는 프로세스, 제품 및 서비스가 요구사항에 적합함을 보장하여야 한다. 조직은 다음의 경우, 외부에서 제공되는 프로세스, 제품 및 서비스에 적용할 관리 방법을 결정하여야 한다.

(a) **외부공급자의 제품 및 서비스가 조직 자체의 제품 및 서비스에 포함되도록 의도한 경우**

(b) **제품 및 서비스가 조직을 대신한 외부공급자에 의해 고객에게 직접 제공되는 경우**

(c) **프로세스 또는 프로세스의 일부가 조직에 의한 결정의 결과로, 외부공급자에 의해 제공된 경우**

조직은 요구사항에 따라 프로세스 또는 제품 및 서비스를 공급할 수 있는 능력을 근거로, 외부공급자의 평가, 선정, 성과 모니터링 및 재평가에 대한 기준을 결정하고 적용하여야 한다. 또한 조직은 이들 활동에 대한,

그리고 평가를 통해 발생한 모든 필요한 조치에 대한 문서화된 정보를 보유하여야 한다.

8.4.2 관리의 유형과 정도(extent)

조직은 외부에서 제공되는 프로세스, 제품 및 서비스가, 적합한 제품 및 서비스를 고객에게 일관되게 인도하는 조직의 능력에 부정적인 영향을 미치지 않음을 보장하여야 한다. 조직은 다음 사항을 수행하여야 한다.

(a) **외부에서 제공되는 프로세스가 조직의 품질경영시스템 관리 내에서 유지됨을 보장**

(b) **외부공급자에게 적용하기로 한 관리와, 결과로 나타나는 출력에 적용하기로 한 관리 모두를 규정**

(c) **다음에 대한 고려**

- 고객 요구사항과 법적 및 규제적 요구사항을 일관되게 충족시켜야 하는 조직의 능력에 미치는, 외부에서 제공되는 프로세스, 제품 및 서비스의 잠재적 영향
- 외부공급자에 의해 적용되는 관리의 효과성

(d) **외부에서 제공되는 프로세스, 제품 및 서비스가 요구사항을 충족시킴을 보장하기 위하여 필요한 검증 또는 기타 활동의 결정**

[부속서 A.8] 외부적으로 제공되는 프로세스, 제품 및 서비스의 관리

외부에서 제공되는 프로세스, 제품 및 서비스의 모든 형태는 8.4에서 다루어지는데, 다음과 같은 예가 있다.

(a) 공급자로부터의 구매

(b) 관련 회사와의 협정

(c) 외부공급자에게 프로세스 외주처리

공급자와 조직 간 접점에서 필수적으로 수행되는 최소 한 가지 활동이 있으므로, 외주처리는 서비스의 기본적인 특성을 항상 갖게 된다.

외부제공에 대하여 요구되는 관리는 프로세스, 제품 및 서비스의 성질에 따라 크게 달라질 수 있다. 조직은 특별한 외부공급자에 적절한, 그리고 외부에서 제공된 프로세스, 제품 및 서비스에 적절한 관리의 유형과 정도를 결정하기 위하여 리스크 기반 사고를 적용할 수 있다.

1) 용어의 정의

- 3.2.5
  - 공급자(Provider)
  - 공급자(Supplier)
  - 제품(3.7.6) 또는 서비스(3.7.7)를 제공하는 조직(3.2.1)

- [보기] 제품(3.7.6) 또는 서비스(3.7.7)의 생산자, 유통업자, 소매업자 또는 판매자
- [비고 1] 공급자는 조직의 내부 또는 외부일 수 있다.
- [비고 2] 계약 상황에서 공급자는 때때로 "계약자"로 부른다.

- 3.2.6
  - 외부공급자(External Provider)
  - 외부공급자(External Supplier)
  - 조직(3.2.1)의 일부분이 아닌 공급자(3.2.5)

- [보기] 제품(3.7.6) 또는 서비스(3.7.7)의 생산자, 유통업자, 소매업자 또는 판매자

2) 구매

조직은 구매된 제품이 요구사항을 만족시키도록 구매된 제품을 평가하고 관리하기 위한 구매 프로세스를 파악, 수립하고 이를 관리하여야 한다. 이 경우 최근 많은 조직에서 활용하고 있는 공급자와의 전자매체 연결의 활용도 좋은 방법 중 하나가 될 수 있다.

① 구매 프로세스는 다음과 같은 사항을 고려할 수 있다.

- 요구 및 구매 제품 시방서에 대한 시기적절하고 효과적이며 정확한 파악
- 제품 성능, 가격 및 납기를 고려한 구매 제품의 원가 평가
- 구매 제품을 검증하기 위한 조직의 요구와 기준
- 특정 공급자 프로세스
- 부적합 구매 제품에 대한 보상 교환
- 공급자와 파트너 배정을 위한 계약 행정에 대한 고려
- 물류 요구사항
- 제품 식별 및 추적성
- 제품 보존
- 기록을 포함한 문서화
- 요구사항과 구매 제품의 차이 발생 시 관리 방법
- 공급자 현장 방문
- 제품 인도, 설치 또는 적용 이력
- 공급자 개발
- 구매제품과 관련된 위험의 파악 및 완화

② 구매 제품 및 공급자의 관리 방식과 정도는 후속되는 실현 프로세스나 최종 제품에 대한 영향에 따라 달라져야 한다.

③ 공급자의 범위는 품질에 영향을 미치는 업체로 범위를 정한다.

- 원, 부자재(재료), 부품, 반제품 납품업체
- 외주, 임가공, 하청업체
- 설치, 운송, 용역, 수리, 설계 등의 서비스업체
- 공인된 교정기관, 검사 및 시험기관 등

다만, 계약관계가 없는 슈퍼마켓이나 계약관계가 없는 일반 대리점(공구상 등) 또는 인력 송출업체 등은 공급자로 볼 수 없다. 업종 특성에 따라서 제조 설비 제작, 설치 및 서비스 업체는 공급자로 간주될 수 있다. 그러나 소모품, 윤활유, 잡자재까지 확대할 필요는 없다.

3) 구매문서

구매문서는 주문된 제품 및 또는 서비스를 명확하게 기술하는 정보가 포함되어야 한다(적용되는 구매문서는 최신본 및 개정 상태를 식별할 수 있는 방안이 필요하다).

① 공급자에게 전달되는 구매정보에는 다음 사항이 포함되는 것이 필요하다.

- 제품, 절차, 프로세스, 장비 및 인원의 승인
- 인원의 자격인정에 대한 요구사항
- 품질경영시스템 요구사항(적용되는 품질경영시스템의 표준, 제품, 번호 및 발행판의 표시를 포함할 수 있음)
- 공급품의 수량, 품질표준, 납기, 인도 장소, 대금 결제 방법 등

② 구매 정도는 공급자에게 다음과 같은 방법으로 전달될 수 있다.

- 납품서 또는 주문서에 직접 평가
- 구매정보를 기술한 구매문서를 공급자에게 전달
- 구매 건별로 반드시 배포되어야 하는가는 업체의 관행에 따를 수

있다.

- 관행상 상호 정확한 표시가 묵시적으로 통한다면(조달 실수가 없다면) 심사원이 굳이 간섭할 필요는 없다. 심사원이 품질경영시스템의 무리한 요구로 연결될 수 있다.

③ 구매정보를 계약서에 포함시키는 방법

4) 구매품의 검증

조직은 구매한 제품의 검증에 필요한 사항을 결정하여 실행하여야 하며, 필요하다면 공급자의 현장에서 이를 수행하여야 한다. 검증 방법은 다음과 같이 합의할 수 있다.

① 구매한 제품의 검사 또는 활동을 수립하고 실행하여야 한다.

- 대상품목 선정
- 검증, 검사 방법/기준 수립(인수검사표준/검사기준서 등)
- 검증/검사 실시
- 판정 및 조치

② 파악된 활동을 실행하고 이에 대한 증거를 가지고 있어야 한다.

③ 검증 내용과 방법에 대하여는 제품 기획 단계에서 확정되어야 한다.

④ 이러한 검증에는 검사 또는 기타의 활동(예: 직접검증, 납품업체의 성적서의 확인, 공인기관의 확인 등)을 포함할 수 있다.

⑤ 조직이나 조직의 고객이 공급자 현장에서 검증활동을 수행하는 경우(입회검사). 구매 정보에 검증 수행 계획(검사표준 등)및 제품 출하 방법(합부판정 기준 등)을 구매정보에 명시해야 한다.

8.4.3 외부 공급자를 위한 정보

조직은 외부공급자와 의사소통하기 이전에 요구사항이 타당함/충분함

(adequacy)을 보장하여야 한다. 조직은 다음 사항에 대한 조직의 요구사항을 외부공급자에게 전달하여야 한다.

(a) (외부공급자가) **제공하는 프로세스, 제품 및 서비스**

(b) **다음에 대한 승인**

- 제품 및 서비스
- 방법, 프로세스 및 장비
- 제품 및 서비스의 불출(release)

(c) **요구되는 모든 인원의 자격을 포함한 역량/적격성**

(d) **조직과 외부공급자의 상호 작용**

(e) **외부공급자의 성과에 대하여 조직이 적용하는 관리 및 모니터링**

(f) **조직 또는 조직의 고객이 외부공급자의 현장에서 수행하고자 하는 검증 또는 실현성 확인 활동**

① 조직의 요구사항에 따라 제품공급에 대한 공급자의 능력에 따라 공급자를 평가하고 선정하여야 하며, 다음과 같은 방법이 적용될 수 있다.

- 과거 실적 평가
- 품질, 가격, 납기 및 문제점에 대한 대응능력
- 공급자의 매니지먼트 시스템 평가 및 잠재능력 평가(기술적 및 품질 경영 시스템 능력)
- 고객만족 자료의 검토 및 다른 사용자들에 의한 경험
- 제정 상태(여기에서 '제도나 법률을 만들어 정함'을 뜻한다면 '제정'이 옳으나, '경제(돈) 상태'를 의미한다면 '재정'과 같이 표기해야 합니다. 확인 바랍니다.)
- 서비스 및 지원능력

- 물류능력 등
- 제품 샘플의 평가
- 유사 제품의 과거이력

② 선정 및 주기적인 평가에 대한 합격기준을 정의하여야 한다. 다만, 최초 평가와 주기 평가 내용은 달라질 수 있다.

③ 공급자에 대한 평가 및 후속조치 결과를 기록하여야 한다.

8.5 생산 및 서비스 제공

8.5.1 생산 및 서비스 제공의 관리

조직은 제품 및 서비스 제공을 관리되는 조건하에서 실행하여야 한다. 관리되는 조건에는 해당되는 경우, 다음 사항이 포함되어야 한다.

(a) **다음을 규정하는 문서화된 정보의 가용성**

- 생산되어야 하는 제품의, 제공되이야 하는 서비스의, 또는 수행되어야 하는 활동의 특성

- 달성되어야 하는 결과

(b) **적절한 모니터링 자원 및 측정 자원의 가용성 및 활용**

(c) **프로세스 또는 출력의 관리에 대한 기준, 그리고 제품 및 서비스에 대한 합격 판정기준이 충족되었음을 검증하기 위하여, 적절한 단계에서 모니터링 및 측정 활동의 실행**

(d) **프로세스 운용을 위한 적절한 기반구조 및 환경의 활용**

(e) **요구되는 모든 자격을 포함하여, 역량이 있는 인원의 선정**

(f) **결과로 나타난 출력이, 후속되는 모니터링 또는 측정에 의해 검증될**

수 없는 경우, 생산 및 서비스 제공을 위한 프로세스의 계획된 결과를 달성하기 위한 능력의 실현성 확인 및 주기적 실현성 재확인

(g) **인적 오류를 예방하기 위한 조치의 실행**

(h) **불출, 인도 및 인도 후 활동의**

1) 생산 및 서비스 제공의 관리

조직은 요구사항을 준수하고 이해관계자에게 이익을 제공하기 위해 실현 프로세스 관리를 철저히 해야 한다. 이는 실현 프로세스의 개선된 효과성 및 효율성과 관련 지원 프로세스를 개선을 통해 달성될 수 있다.

① 조직은 생산 및 서비스 제공을 관리 조건하에서 계획하고 수행하여야 한다.

- 제품의 특성 정보의 가용성 : 제품표준, 도면, 검사기준서 등의 배포 · 사용
- 업무지침서의 가용성 : 작업표준/작업지도표 등의 배포 · 사용
- 적합한 장비의 사용 : 생산에 적합한 장비 선정 · 확보 · 사용
- 모니터링/측정 장비의 가용성 : 적합한 모니터링/측정 장비의 선정 · 확보 · 사용
- 모니터링/측정의 실행
- 불출, 인도 및 인도 후 활동 실행 : 출하, 운송, 인도, 불만처리, A/S 실시

② 생산 및 서비스 제공, 핵심 프로세스의 모니터링 및 측정 프로세스의 적합성과 시행 여부를 중점 조사한다.

③ 이는 제품 및 서비스의 생산, 작업 수행, 측정 및 모니터링, 불출, 인도 및 인도 후의 활동 등 모든 부문에 대하여 프로세스 모델을 철저히 적용하여야 한다.

④ 전체 프로세스는 물론 세부적인 프로세스 각각에 대하여도 입력과 출력 활동에 대한 모니터링이 요구된다.

⑤ 생산 및 서비스 제공을 위한 기준으로는 여러 형태의 문서가 활용될 수 있다(예: 품질계획서/QC공정도, 절차서, 지침서, 시방서, 표준 등).

⑥ 이러한 문서에 의해 운영이 되고 있음을 실증할 수 있어야 하며, 관련 기준/문서들 간의 일관성 여부도 확인해야 한다.

⑦ 프로세스가 실행되었는지 여부를 관련 기록으로 확인해야 하며, 이 항목과 관련된 기준 및 이의 실행을 확인하기 위한 문서는 다양하면서 종류도 많을 수 있다.

⑧ 조직과 제품의 특성에 따라 유연성을 가질 수 있다.

2) 생산 및 서비스 제공의 실현성/타당성 확인

결과 출력이 후속되는 모니터링 또는 측정에 의해 검증될 수 없는 경우, 프로세스의 실현성 확인에 대한 기준을 결정하기 위한 것이다. 이들 프로세스는 지금까지 '특별공정(프로세스)'로 언급되어 왔다. 제조, 특히 서비스 분야에는 다양한 유형의 "특별 프로세스"가 있다. 만약 이러한 프로세스가 조직/고객의 경계선상에서 이루어진다면 프로세스로부터의 출력을 "검사"하는 것이 거의 불가능하다. 이러한 상황에서 조직은 프로세스의 타당성 확인이 수행되고 있음을 실증할 필요가 있다.

① 프로세스의 출력이 후속되는 모니터링, 검사 및 시험에 의해 쉽게 또는 경제적으로 검증될 수 없는 프로세스(특별 프로세스라 칭함)는 결정되어야 하고 타당성 확인이 실시되어야 한다.

② 실현성/타당성 확인이 필요한 특별 프로세스는 예를 들면 다음과 같다.

– 제품의 결과 특성이 다음 프로세스로 진행될 때까지 나타나지 않

는 경우

- 측정 방법이 없어 제품을 파괴하여 측정해야 하는 경우
- 프로세스 결과를 후속되는 검사나 시험으로 측정할 수 없는 경우

③ 특별 프로세스는 모든 제조 또는 서비스업에 존재할 수 있지만 다음과 같은 가공 · 제조 프로세스는 보통 특별 프로세스에 해당된다.

- 용접, 납땜, 도금, 도장 및 열처리프로세스 등
- 영업 프로세스에서 고객 요구사항을 검토하는 프로세스 등
- 설계 및 개발프로세스에서 검토나, 검증 혹은 타당성 확인 프로세스 등
- 서비스 분야서의 대부분의 업무(특히 서비스 분야에선 인원의 자격이나 정해진 기준 등이 매우 중요)

④ 특별 프로세스의 실현성/타당성 확인을 위한 준비사항을 정하여야 하고 최소한 다음의 사항은 고려되어야 한다.

- 프로세스의 검토와 승인에 대한 기준을 정의
- 인원에 대한 승인: 학력, 경력, 교육 · 훈련
- 장비에 대한 승인: 용접봉, 용접기
- 규정된 방법 및 절차의 사용(예: 용접 작업표준서)
- 기록에 대한 요구사항: 용접 작업자, 용접봉 재질, 용접기 전류 등 프로세스 관리 기록
- 실현성/타당성 재확인: 용접 후 비파괴 검사, 문제점에 대한 분석 및 조치
- 특별공정의 관리: 자격이 부여된 작업자에 의한 작업수행과 공정 변수에 대한 지속적인 모니터링과 통제관리 요구(품질보증을 위한 공정변수 및 제품 특성의 모니터링과 통제)

8.5.2 식별과 추적성

조직은 제품 및 서비스의 적합성을 보장하기 위하여 필요한 경우, 출력을 식별하기 위하여 적절한 수단을 활용하여야 한다. 조직은 생산 및 서비스 제공 전체에 걸쳐 모니터링 및 측정 요구사항에 관한 출력의 상태를 식별하여야 한다. 추적성이 요구사항인 경우, 조직은 출력의 고유한 식별을 관리하여야 하며, 추적이 가능하기 위하여 필요한 문서화된 정보를 보유하여야 한다.

제품실현의 모든 단계에 걸쳐 해당되는 경우, 조직은 적절한 수단으로 제품을 식별하여야 하고 제품의 상태를 모니터링 및 측정 요구사항과 관련 지어 식별하여야 하며, 추적성이 요구사항인 경우에 조직은 제품의 고유한 식별을 관리하고 기록하여야 함을 언급하고 있다.

(a) 모든 관련되는 프로세스에서 제품 및 또는 서비스와 연관된 구입에서 고객 인도까지의 모든 프로세스가 식별 및 추적성의 대상이 된다.

(b) 식별의 의미는 완제품에 대한 각각의 단위 또는 하나 이상의 단위가 확인 가능한 것을 의미한다.

(c) 식별의 방법은 적절한 수단, 그 특성에 따라 달라질 수 있는데, 다음과 같은 방법일 수도 있다.

- **제품명 표시, 코드번호 표시, 로트번호 부여**
- **표시 라벨에 의한 방법**
- **별도 장소에 보관에 의한 방법**

(d) 추적성은 요구사항인 경우 제품의 식별을 관리해야 한다고 규정하고 기록된 식별수단에 의해 제품에 대한 프로세스 이력을 확인하는 것으로 보아도 된다.

(e) **추적성은 추적성이 요구사항인 경우에 한하여 해당되므로 그 범위를 명확히 할 필요가 있고 추적성의 범위와 방법은 명확히 규정하는 것이 좋다.**

8.5.3 고객 또는 외부공급자의 재산

조직은 조직의 관리하에 있거나, 조직이 사용 중에 있는 고객 또는 외부공급자의 재산에 대하여 주의를 기울여야 한다. 조직은 제품 및 서비스에 사용되거나 포함되도록 제공된 고객 또는 외부공급자의 재산을 식별, 검증, 보호 및 안전하게 유지하여야 한다. 고객 또는 외부공급자의 재산이 분실, 손상 또는 사용하기에 부적절한 것으로 판명된 경우, 조직은 고객 또는 외부공급자에게 이를 통보하여야 하며, 발생한 사항에 대해 문서화된 정보를 보유하여야 한다.

● [비고] 고객 또는 외부공급자의 재산에는 자재, 부품, 공구 및 장비, 고객 부동산, 지적소유권 및 개인 정보가 포함될 수 있다.

고객 및 외부제공자가 설계 책임을 갖고 있는 경우, 조직에 제공되는 소유권이 있는 정보가 여기에 해당될 수 있으며, 이것은 고객 및 외부제공자의 지적자산이 될 수 있다. 따라서 이러한 경우는 이 조항에 따라 관리되어야 한다. 그리고 조직에 고객 및 외부제공자의 기밀이나 개인 데이터가 제공되는 경우(예: 인터넷 판매)도 적절히 관리되어야 할 및 외부 제공자의 자산이다.

(a) **고객 및 외부제공자 자산에 대하여 식별 · 검증 · 보호 및 유지를 해주어야 한다.**

(b) **고객 및 외부제공자 자산의 예**

- 제품 구성을 위해 공급된 혼합물 또는 부품
- 수리 · 보전 및 기능 향상을 위해 공급된 제품
- 고객 및 외부제공자로부터 직접 공급된 포장 자재
- 보관과 같은 서비스 운영을 위한 고객 및 외부제공자의 자재
- 고객 및 외부제공자의 자산을 제3자에게 운송하는 것과 같은 고객을 대신해 제공되는 서비스
- 표준, 도면 및 고객 소유 정보를 포함한 고객 및 외부제공자의 지적 자산

(c) **만일 분실 · 손상 또는 사용하기에 부적절한 것으로 판명된 고객재산이 발생하면, 이를 고객에게 보고하고 기록을 유지하여야 한다.**

8.5.4 보존

조직은 요구사항에 적합함을 보장하기 위해 필요한 정도까지, 생산 및 서비스를 제공하는 동안 출력을 보존하여야 한다.

● [비고] 보존에는 식별, 취급, 오염관리, 포장, 보관, 전달 또는 수송 및 보호가 포함될 수 있다.

제품의 식별, 취급, 포장, 보관 및 보호에 대하여 언급하고 있다. 특히 제품뿐만 아니라 제품의 구성 부품에도 적용한다.

(a) **조직은 제품에 대하여 조직 내부 프로세스 및 최종 인도 과정까지 제품에 나쁜 영향을 미치지 않도록 하여야 하고 이것은 제품이나 부품 및 서비스 요소에 동일하게 적용된다.**

- 제품의 취급과정에서 제품에 나쁜 영향을 미치지 않도록 보관 방법을 정하고 실행한다.

- 제품의 보관 중에 나쁜 영향을 미치지 않도록 보관 방법을 정하고 실행하여야 한다.
- 제품의 포장 방법에 대한 것을 설정하여 운영하는 것이 좋다. 포장은 법규 또는 계약에 명시된 방법을 규정하는 것이 좋다.
- 제품이 고객에게 인도될 때까지 품질의 보전에 대하여 규정하여 실행하는 것이 좋다
- 제품의 인도에 대한 방법을 정하여 실행하는 것이 좋다.

(b) 조직은 제품의 품질이 취급, 보관, 포장 보호 및 인도 과정에서 많은 변화가 초래될 수 있으므로 제품에 대하여 관리 방법을 정하여 실행하고 필요하나 조치를 취하는 것이 좋다.

(c) 취급상 손상이나 열화의 우려가 있다고 부적합은 아니다.

(d) 보관은 반드시 창고 개념의 의미는 아니다. 지정된 구역이면 복도에 쌓아 놓을 수도 있다. 좁은 공장은 공간을 최대로 활용할 수 있다.

(e) 원격지의 보관구역이 있는지 조사해 보고 거기까지 심사대상으로 가보아야 한다.

(f) 포장은 포장재의 관리. 표시의 관리까지 심사하여야 하며 포장에 대한 규정된 요구사항이 무엇인지를 알아내야 부적합을 판정할 수 있다.

(g) 보전과 격리는 해당되는 자재, 반제품, 제품에 적용한다. 상업적인 소유권이 누구에게 있는지를 확인해 보아야 한다. 물류센터를 다른 업체가 관리한다고 하지만 물건의 소유권이 공급자에게 있는 경우는 창고 위탁 관리 외주인 셈이다.

(h) 인도에 있어서는 운송 방법, 상하차 시의 손상에 주목한다. 제품에 문제가 발생한 후 보험으로 처리한다는 답변은 보호방안이 아니다.

(i) 취급

- 자재(재료), 반제품, 최종제품의 운반이나 사용 시 발생하는 충격,

마모, 노출, 온도, 습도, 진동, 부식, 품질 저하 등의 요인에 대한 손상이나 열화 방지를 위해 취급상의 대책을 마련한다.

- 운반용기의 사용 충격방지용 완충장치 찢겨지지 않도록 커버를 씌우는 등의 방법과 정전기 방지를 위한 손목 띠 또는 자극 방지를 위한 장갑 착용 등의 방법이 모두 취급부주의 예방을 위한 수단이다.

(j) **보관**

- 사용 또는 고객이나 다음 공정으로 인도대기 중에 온도, 습도, 먼지, 진동, 동물의 침입, 자연재해, 변질, 휘발 등으로부터 자재, 반제품 및 최초제품이나 손상이나 노화를 방지한다.
- 보관은 지정된 보관구역을 지정하거나 별도의 시설물을 갖추어야 하며, 저장품의 회전 및 Lot 구분에 대한 관리 절차를 정한다.
- 보관구역의 출입통제 등 반입 및 반출을 통제한다.

(k) **포장**

- 포장재의 종류 및 재질의 파악, 포장재의 물성, 크기, 디자인 등을 고려한다.
- 충전재 또는 완충제, 흡수제, 긁힘 방지, 오염방지를 위한 밀봉 등을 선택 시 품질보증 기능을 점검한다.
- 제품식별이나 운반 시 주의를 위한 각종 표시사항을 포함한 마킹, 라벨링 사항을 정하고 관리, 특히 위험 예방 등 주의사항을 표시한다.
- 표시사항이 법규나 계약에 규정되면, 그 내용물이나 성분의 명확한 기술이 필요하다.

(l) **보존**

- 보관, 운송 또는 조직의 책임이 다할 때까지 후속기간 동안 열화

및 오염으로부터 보호한다.

- 보존 방법은 의료기기의 살균상태, 반도체의 먼지 또는 무정전 상태, 깨지기 쉬운 제품 보호, 식료품 취급에 대한 온·습도 및 위생관리 등에 대한 방법을 고려한다.
- 조직의 소유이고 관리에 대한 책임범위가 있는 물류창고(자재나 제품)에 대해서는 보존 범위를 포함시킨다.

8.5.5 인도 후 활동

조직은 제품 및 서비스에 연관된 인도 후 활동에 대한 요구사항을 충족하여야 한다. 조직은 요구되는 인도 후 활동에 관한 정도를 결정할 때, 다음 사항을 고려하여야 한다.

(a) **법적 및 규제적 요구사항**

(b) **제품 및 서비스와 관련한 잠재적으로 원하지 않은 결과**

(c) **제품 및 서비스의 성질, 용도 및 계획수명**

(d) **고객 요구사항**

(e) **고객 피드백**

● [비고] 인도 후 활동에는 보증규정에 따른 조치, 정비 서비스와 같은 계약상 의무사항, 그리고 재활용이나 최종 폐기와 같은 보충적인 서비스가 포함될 수 있다. 인도 후 활동에는 다음 사항이 포함될 수 있다.

- 설치 및 조정
- 제품 및 서비스에 대한 설명
- 품질보증 및 유지관리에 따른 A/S
- 회수 후 재활용 또는 폐기의무

8.5.6 변경관리

조직은 생산 또는 서비스 제공에 대한 변경을, 요구사항과의 지속적인 적합성을 보장하기 위하여 필요한 정도까지 검토하고 관리하여야 한다. 조직은 변경에 대한 검토의 결과, 변경 승인자 및 검토 결과 도출된 필요한 모든 조치사항을 기술한 문서화된 정보를 보유하여야 한다. 변경관리 활동에는 다음 사항이 포함될 수 있다.

- 설계 및 개발에 대한 변경관리
- 인원에 대하여 자격부여 등에 대한 변경관리
- 제조, 검사 및 모니터링 장비에 대한 변경관리
- 제조, 검사 및 모니터링 방법에 대한 변경관리
- 재료에 대한 변경관리
- 고객 및 법적 요구사항의 변경에 따른 변경관리

8.6 제품 및 서비스의 불출/출시(release)

조직은 제품 및 서비스 요구사항이 충족되었는지 검증하기 위하여, 적절한 단계에서 계획된 결정사항을 실행하여야 한다. 계획된 결정사항이 만족스럽게 완료될 때까지, 제품 및 서비스는 고객에게 불출되지 않아야 한다. 다만, 관련 권한을 가진 자가 승인하고, 고객이 승인한 때(해당되는 경우)에는 불출할 수 있다. 조직은 제품 및 서비스의 불출에 관련된 문서화된 정보를 보유하여야 한다. 문서화된 정보에는 다음 사항이 포함되어야 한다.

(a) **합격 판정기준에 적합하다는 증거**

(b) **불출을 승인한 인원에 대한 추적성**

① 제품 및 서비스출고에 관련된 활동에는 다음 사항이 포함될 수 있다.

- 인수검사 및 시험(구매품을 포함하여 외부에서 제공받은 프로세스, 제품 그리고 서비스)
- 공정검사 및 검사(공정품)
- 제품검사 및 검사(제품)
- 포장검사 및 검사(포장 방법)
- 출하검사 및 검사(출하 또는 적재 방법)
- 설치검사 및 검사(설치 후 기능 및 성능)

② 조직은 제품이 또는 서비스가 모든 요구사항에 충족하다는 것을 검증하기 위해 제품의 특성을 모니터링 및 측정하여야 하며, 이를 위해 수행된 모니터링 및 측정기준이 수립되어 있어야 하며 운용 프로세스의 적절한 단계에서 수행되어야 한다.

③ 적절한 단계에서 수행되는 모니터링 및 측정으로는 인수검사, 중간/공정간 검사, 제품 검사 등이 있다.

④ 인수검사를 실시하는 경우

- 공급자로부터 통계적 데이터의 접수 및 평가
- 인수검사 및 시험
- 검증된 시험기관의 시험성적서 평가
- 인수검사는 외부 공급자의 현장에서 실시할 수 있다.

⑤ 공정검사(중간검사) 및 최종검사(제품검사)를 실시하는 경우

⑥ 정밀검사 및 기능시험 등을 실시하는 경우

- 일정한 주기로 제품에 대한 정밀검사(측정), 신뢰성시험 등

⑦ 출하검사를 실시하는 경우

⑧ 인수/중간/제품/출하검사 결과 합부 판정기준의 적합성에 대한 증거를 검사성적서(기록서)에 기록하여야 한다.

⑨ 단계별 검사기준서(각 검사표준)를 문서화해 놓은 것이 필요하다.

⑩ 기록에는 제품 불출을 승인하는 인원이 명시되어야 한다.

- 합격, 불합격, 재검사, 재작업, 특채 등
- 검사자, 책임권자, 수량, 로트번호 등

⑪ 제품 불출 및 서비스 제공은 고객 등 이해관계자가 승인하지 않는 한 모든 규정된 활동이 만족스럽게 끝날 때까지 진행되어서는 안 된다.

8.7 부적합 출력/산출물(output)의 관리

8.7.1 부적합 출력의 처리

조직은 의도하지 않은 사용 또는 인도를 방지하기 위하여, 제품 요구사항에 적합하지 않은 출력이 식별되고 관리됨을 보장하여야 한다. 조직은 부적합 성질(nature)에, 그리고 제품 및 서비스의 적합성에 대하여 부적합이 미치는 영향에 따라 적절한 조치를 취하여야 한다. 이것은 제품의 인도 후, 그리고 서비스의 제공 중 또는 제공 후에 발견된 제품 및 서비스의 부적합에도 적용된다. 조직은 부적합 출력을 다음의 하나 또는 그 이상의 방법으로 처리하여야 한다.

(a) **시정**

(b) **제품 및 서비스 제공의 격리, 봉쇄/억제, 반품 또는 정지**

(c) **고객에게 통지**

(d) **특채에 의해 인수를 위한 승인의 획득**

부적합 출력이 조치되는 경우, 요구사항에 대한 적합성이 검증되어야 한다.

8.7.2 문서화된 정보의 보유

조직은 다음의 문서화된 정보를 보유하여야 한다.

(a) **부적합에 대한 기술**

(b) **취해진 조치에 대한 기술**

(c) **승인된 특채에 대한 기술**

(d) **부적합에 관한 활동을 결정하는 책임의 식별**

요구사항에 적합하지 않은 제품을 부적합이라 하며, 요구사항은 계약 내용, 주문서, 시방서, 도면, KS 표준, 제품 표준 등이다.

① 부적합제품을 관리하기 위한 문서화된 절차를 수립하여야 한다. 여기에는 식별 및 관리, 처리에 대한 관리와 책임 및 권한, 부적합 내용과 승인된 특채를 포함한 취해진 후속조치에 대한 기록, 시정 후 재검증, 인도 후 또는 사용이 시작된 후 발견 시 부적합의 영향과 잠재 영향에 대한 적절한 조치 등이 포함된다.

② 문서화된 절차의 내용에는 부적합의 구분 및 정의, 식별 방법, 기록 및 보고, 검토 및 처리 결정 책임, 처리 방안별 절차 기록 및 보고, 처리 결과보고, 부적합품의 시정에 따른 재검증, 시정조치, 고객서비스 활동 (예: 특별점검, 조정 및 교체, 리콜회수 등) 등을 포함한다.

③ 의도되지 않은 사용이나 사용을 방지하기 위한 관리가 필요하다.

④ 부적합품의 다음의 하나 혹은 그 이상에 따라서 처리되어야 한다.

- 발견된 부적합을 제거하기 위한 조치: 반품, 폐기, 재작업, 수리, 용도변경, 재등급 등
- 적절한 권한을 가진 자에 의해 또는 해당되는 경우 고객에 의해 특채하에 부적합품의 사용, 불출 혹은 수락
- 특채를 포함한 부적합품이 원래 의도된 사용 또는 적용을 방지하기 위하여 조치실시와 취해진 후속조치 결과는 기록으로 유지
- 제품이 인도된 후 또는 사용이 시작된 후 발견되었을 경우 주적합의 영향 또는 잠재적 영향에 대한 적절한 조치 실시

⑤ 부적합품은 조치 후 적합하다는 것을 입증하기 위하여 재검증한다.

⑥ 부적합이 인도 후 또는 사용 후 발견된 경우 부적합의 중대성을 고려하여 적절한 조치를 실시한다.

⑦ 부적합 제품이 발생하면 해당 부서에의 통보, 발생 정도의 파악, 집계 및 분석을 하며 시정 조치, 경영검토에 반영, 지속적 품질 개선을 위한 정보로 제공, 품질방침 및 목표에 반영되어야 한다.

9.
성과 평가

9.1 모니터링, 측정, 분석 및 평가

9.1.1 일반사항

조직은 다음 사항을 결정하여야 한다.

(a) **모니터링 및 측정의 대상**
(b) **유효한 결과를 보장하기 위하여, 필요한 모니터링, 측정, 분석 및 평가에 대한 방법**
(c) **모니터링 및 측정 수행 시기**
(d) **모니터링 및 측정의 결과에 대한 분석 및 평가 시기**

조직은 품질경영시스템의 성과 및 효과성을 평가하여야 한다. 조직은 결과의 증거로, 적절한 문서화된 정보를 보유하여야 한다.

조직은 품질경영시스템, 제품, 서비스 및 프로세스에 대한 측정, 모니터링, 분석 및 개선을 위한 프로세스를 정하고 계획하고 실행하여야 한다. 이것에는 각각의 측정 및 채용된 기록 방법에 대하여 형식, 장소, 시기 및 빈도를 포함하며 다양한 수단에 대한 적절성은 주기적으로 평가되어야 한다.

이를 위하여 조직은 통계적 기법을 포함하여 적용 가능한 방법에 대한 필요 유무를 결정하여야 하며 조직은 이용할 수 있는 방법과 기법에 대한 지식을 갖고 있음과 조직의 업무 특성에 알맞은 방법인지 또한 이러한 방법이 효과적인 방법인지를 검토하여 결정한 것인지를 실증하여야 한다.

1) 모니터링, 측정, 분석 및 개선 프로세스 계획 및 실행

다음 사항에 필요한 모니터링, 측정, 분석 및 개선 프로세스를 계획하고 실행하여야 한다.

① 제품의 적합성 실증

- 인증검사, 공정(중간)검사, 제품 검사, 출하 검사, 신뢰성 시험, 설치 검사 등
- 검사 결과 분석, 부적합품 분석에 대한 시정 및 예방조치

② 품질경영시스템의 적합성 보장

- 문서화된 품질경영시스템의 수행 상태를 일상적으로 모니터링
- 내부심사, 2자 심사, 3자 심사의 실시, 경영검토
- 시스템상의 주요 부적합요인의 개선.(시정 및 예방조치)
- 문서화된 품질경영시스템의 개정

③ 품질경영시스템의 효과성을 지속적으로 개선

- 효과성을 파악하기 위해서는 효과성 평가 항목을 품질방침, 품질목표와 연계하여 설정하고 파악한다(품질목표 관리지표의 파악, 분석).
- 고객만족, 제품품질 및 기능, 제품실현 프로세스의 효과성 및 프로세스별 업무절차 등의 지속적 개선 실시
- 시정조치

④ 개선활동 절차의 예

- 문제점(개선 대상)의 설정 및 정의와 영향 정도 평가
- 주요 요인의 현상 파악과 원인 분석
- 주요 개선 활동의 계획 수립, 문서화

- 개선 활동의 실시 및 확인/효과 파악 및 보고/재발 방지를 위한 조치 등

2) 프로세스별 성과평가 지표 설정과 모니터링, 측정 및 분석, 평가계획

9.1.2 고객만족

조직은 고객의 니즈 및 기대가 어느 정도 충족되었는지에 대한 고객의 인식을 모니터링하여야 한다. 조직은 이 정보를 수집, 모니터링 및 검토하기 위한 방법을 결정하여야 한다.

● [비고] 고객인식에 대한 모니터링의 사례에는 고객 설문조사, 인도된 제품 또는 서비스에 대한 고객 피드백, 고객과의 미팅, 시장점유율 분석, 고객의 칭찬, 보증 클레임, 그리고 판매업자 보고서가 포함될 수 있다.

고객 지향적 조직은 고객의 만족도를 알고 있어야 하며 그로부터 바람직하지 않은 결과나 경향에 대하여 시정조치와 지속적인 개선이 이루어질 수 있도록 고객의 인식에 대한 정보를 모니터링하고 이러한 방법은 결정되어야 한다. 이는 조직의 규모와 시장의 범위, 복잡성 및 다양성을 고려하여야 하며 내부 및 외부 출처로부터, 서면 및 구두 등의 모든 가능한 형태로 고객과 최종사용자 정보의 출처를 파악하는 것이 바람직하다.

1) 고객 인식 정보 획득 및 활용 단계

고객의 인식과 관련된 정보를 모니터링하여야 하고, 이러한 정보를 획득하고 활용하기 위한 단계는 다음과 같다.

- 고객의 만족도 측정항목의 설정
- 측정 항목별 만족도 평가 기준 설정(계산식, 집계 방법 등)

- 모니터링, 정보 입수 방법 결정(필요시 절차를 문서화)
- 입수된 정보의 정리, 분석, 평가 및 피드백
- 고객만족도 향상을 위한 조치의 실행
- 모니터링 및 측정 대상항목, 정보수집 방법, 운영시스템의 개선 등이 있다.

2) 고객만족/불만족에 대한 정보의 획득 방법

고객불만, 고객과 직접의사소통, 질문서 조사, 소비자 조직의 조사, 여러 매체의 조사

3) 고객만족 프로세스의 주요 출력물

고객 만족도 조사서 등

9.1.3 분석 및 평가

조직은 모니터링 및 측정에서 나온 적절한 데이더와 정보를 분석하고, 평가하여야 한다. 분석의 결과는 다음 사항의 평가를 위하여 사용되어야 한다.

(a) **제품 및 서비스의 적합성**

(b) **고객 만족도**

(c) **품질경영시스템의 성과 및 효과성**

(d) **기획의 효과적인 실행 여부**

(e) **리스크와 기회를 다루기 위하여 취해진 조치의 효과성**

(f) **외부공급자의 성과**

(g) **품질경영시스템의 개선 필요성**

● [비고] 데이터 분석 방법에는 통계적인 기법이 포함될 수 있다.

1) 데이터의 분석 및 평가

조직은 조직의 프로세스, 제품 및 품질경영시스템에 관한 정보를 수집하고 기록할 뿐 아니라 개선할 필요가 있는 경향이나 기회를 파악하기 위하여 데이터를 실제적으로 분석하여야 한다. 분석되지 않은 데이터는 전략적으로 사용가치가 없으므로 모니터링 및 측정과 다른 관련 출처로부터 파악된 데이터를 포함해야 한다. 이를 위해서는 다음과 같은 단계를 거쳐야 한다.

- 수집의 대상, 데이터별 관리 책임, 수집 방법, 양식, 집계 및 데이터 분석(통계적기법 적용)
- 데이터 분석 결과의 검토 및 평가
- 분석 결과에 대한 지속적 개선의 추진과 활용 방법의 개선
- 통계적 기법의 전산화 활용(예: 공정능력지수, QC기법, SPC기법 및 실험계획법 등의 적용)

2) 데이터의 분석 대상

각종 데이터의 분석 대상에는 다음에 관한 정보가 포함되어야 한다.

- 고객만족과 고객 불만
- 제품 요구사항에의 적합성
- 예방 조치에 대한 기회를 포함한 프로세스 및 제품의 특성과 경향
- 공급자

3) 정보를 위한 데이터

각각의 정보를 위한 데이터에는 다음과 같은 사항들이 해당될 수 있다.

① 고객만족 및 고객 불만족에 대한 정보

- 고객 만족도, 불만족도, 교환요구 정도, 필드 클레임 정도
- 고객의 평가 점수, 등급, 수준
- 고객 불만 건수, 처리 소요시간, 처리비용 등
- 매출액, 시장 점유율, 신규 고객 점유율 등
- 신제품 매출 비율, 고객의 대기 시간, 평균 배송 소요시간
- 납기 준수율, 원가 절감액 등의 측정 항목별
- 목표달성 정도, 차이 분석, 추이, 경향, 산포, 평균 정도 및 집중도 등을 정밀 분석하고 과거년도, 경쟁사, 벤치마크 수준과 비교

② 제품 요구에의 적합성 정보

- 부적합품률, 불합격률, 반품률
- Q-COST(F-COST)
- 생산성, 생산량, 사이클 타임, 수율, 원단위, 원가, 제품 수명
- 주요 품질 특성의 수준 등에 대하여 목표 달성 정도, 차이 분석, 추이, 경향, 산포 평균 및 집중도 등을 정밀 분석하고 과거년도, 경쟁사, 벤치마크 수준과 비교

③ 프로세스 및 제품의 특성과 경향 관련 정보

- 설계 프로세스: 설계 수정 건수, 정도, 개발 일정 준수 정도, 부품 표준화 정도
- 구매 프로세스: 공급자(납기 준수율, 반품수량, 특채건수, 결품 정도, 불합격률, 납품품질수준, 평가점수, 특채 건수 등)

④ 생산프로세스

- 공정능력지수, 공정이상 발생 건수, 공정 개선 건수 등
- 생산수율, 라인 효율, 가동률, 설비고장 건수, 평균 수리시간 등
- 직행률, 공정부적합률, 재작업 건수, 수리 건수, 폐기 비용 등

- 완제품 부적합품, 불합격률, 라인 클레임 건수
- 설치 시공 소요시간, 평균 배송시간 등에 대한 목표달성 정도 및 차이 분석, 추이 경향, 산포, 평균 정도를 정밀 분석하여 과거년도, 경쟁사, 벤치마크 수준과 비교

⑤ 공급자

9.2 내부심사

9.2.1 내부심사의 대상

조직은 품질경영시스템이 다음 사항에 대한 정보를 제공하기 위하여, 계획된 주기로 내부심사를 수행하여야 한다.

(a) **다음 사항에 대한 적합성 여부**

- 품질경영시스템에 대한 조직 자체 요구사항
- 이 표준의 요구사항

(b) **품질경영시스템이 효과적으로 실행되고 유지되는지 여부**

9.2.2 내부심사의 실행

조직은 다음 사항을 실행하여야 한다.

(a) **주기, 방법, 책임, 요구사항의 기획 및 보고를 포함하는, 심사 프로그램의 계획, 수립, 실행 및 유지, 그리고 심사프로그램에는 관련 프로세스의 중요성, 조직에 영향을 미치는 변경, 그리고 이전심사 결과가 고려되어야 한다.**

(b) **심사기준 및 개별 심사의 적용범위에 대한 규정**

(c) **심사 프로세스의 객관성 및 공평성을 보장하기 위한 심사원 선정 및 심사 수행**

(d) **심사결과가 관련 경영자에게 보고됨을 보장**

(e) **과도한 지연 없이 적절한 시정 및 시정조치 실행**

(f) **심사 프로그램의 실행 및 심사결과의 증거로 문서화된 정보의 보유**

- [비고] 가이던스로서 KS Q ISO 19011 참조

내부심사는 품질경영시스템을 위한 P-D-C-A 사이클에서 중요한 요소이다. 그래서 내부심사는 독립적이고 적격성 있는 인원에 의해서 명확히 정해진 방법을 사용하여 실행되는 것이 필수적이며, 객관적이어야 하고 심사를 받는 업무를 수행하는 인원 이외의 인원에 의해 실행되어야 한다.

이것은 완전히 독립적인 부서의 소속원에 의해 심사가 수행되어야 한다는 의미는 아니다. 심사원 자신이 자신의 업무를 심사할 수 없음을 표준에서 언급하고 있다. 심사는 목표 달성에 관련된 프로세스의 효과성과 함께 절차에 따르는 것을 조사하는 것이며, 심사절차에는 심사일정, 범위 및 방법을 기술하여야 하며, 이러한 것이 어떻게 결정되는지를 설명할 수 있어야 한다.

① 내부심사를 위한 문서화된 절차가 수립되어야 한다.

- [예] 연간 심사계획 수립, 심사원의 자격 및 관리 방법, 심사주기, 심사원 선임, 계획 수립, 점검표 작성, 심사 실시, 부적합보고서 작성 및 통보, 시정조치계획 수립 및 실시, 결과 확인, 심사결과 보고, 경영검토

② 계획된 주기로 내부심사를 수행하여야 한다.

③ 내부심사 시 확인해야 할 사항

- 품질경영시스템이 계획된 결정사항 및 조직이 설정한 품질경영시스템 요구사항을 충족시키는지 여부
- ISO 9001:2015의 요구사항에 대한 적합성 여부
- 효과적이고 실행되고 유지되고 있는지의 여부 등

④ 심사 프로그램 계획 시 참고사항

- 심사 대상 활동 및 분야의 상태와 중요성을 고려
- 이전 심사 결과
- 심사범위, 주기 및 방법
- 심사자 선정 및 수행 시 객관성 및 공정성
- 심사원의 독립성(자신의 업무에 대해 심사를 수행할 수 없음)

⑤ 심사절차의 문서화 내용

- 심사 계획, 수행, 심사의 독립성 보장, 결과의 기록 및 보고에 대한 책임과 요구사항이 정해져야 한다.

⑥ 피심사 부서의 경영자/관리자는 심사 시 발견된 부적합 및 원인을 제거하기 위한 조치를 적시에 취하여야 한다.

⑦ 후속조치에는 취해진 시정조치에 대한 검증이 포함되어야 하며 검증결과를 보고하여야 한다.

⑧ 내부심사 수행 절차

- 심사계획 수립(심사범위 및 심사기준 결정)
- 심사원 결정(자격이 부여된 심사원 선정 및 심사 배정)
- 심사수행(심사의 독립성을 고려)
- 심사결과 보고
- 시정조치결과 확인
- 상기 사항에 대한 기록의 관리

9.3 경영검토/경영평가(management review)

9.3.1 일반사항

최고경영자는 조직의 전략적 방향에 대한 품질경영시스템의 지속적인 적절성, 충족성, 효과성 및 정렬성을 보장하기 위하여 계획된 주기로 조직의 품질경영시스템을 검토하여야 한다. 경영검토는 품질방침 및 조직의 목적에 관련된 품질경영시스템의 적절성, 충족성, 효과성에 대한 최고경영자의 공식적인 평가로 정의된다.

이 조항의 의의는 최고 경영자가 품질경영시스템에 직접 참가하라는 것에 있다. 최고경영자가 품질경영 시스템의 이행상태를 직접 평가 함으로써 문제점을 해결하도록 하여 궁극적인 고객만족의 도구로서 품질경영시스템이 사용되도록 하여야 한다.

(a) **경영검토에는 프로세스 개념을 도입하여 입력과 출력사항을 명확하게 제시하고 또 요구하고 있다.**

(b) **검토주기/방법**

- 대개 년 1회 이상(내부 심사/인증 후 사후관리 주기 고려)
- 위원회 형태 또는 품의 형태

(c) **경영검토의 목적은 품질경영시스템의 적절성, 충족성 및 효과성을 보장하기 위한 것이다.**

(d) **검토내용**

- 품질방침 및 품질목표
- 품질경영시스템에 대한 개선의 기회 평가
- 품질경영시스템의 변경이 필요한지에 대한 평가
- 9.3.2 경영검토 입력사항

(e) **경영검토를 실시한 결과를 7.5.3에 따라 기록으로 유지하여야 한다.**

(f) **경영검토를 통한 조직의 가치를 부가하기 위해 최고경영자는 품질경영 7원칙을 기반으로 한 체계적 검토에 의해 운용 프로세스 및 지원 프로세스의 성과를 관리하여야 한다.**

(g) **경영검토를 형식적으로 실시하지 않고, 목적에 맞도록 운영되어야 하며 경영검토 자체의 프로세스도 효과성을 위해 평가되고 필요시 개선되어야 한다.**

9.3.2 경영검토 입력사항

경영검토는 다음 사항을 고려하여 계획되고 수행되어야 한다.

(a) **이전 경영검토에 따른 조치의 상태**

(b) **품질경영시스템과 관련된 외부 및 내부 이슈의 변경**

(c) **다음의 경향을 포함한 품질경영시스템의 성과 및 효과성에 대한 정보**

- 고객만족 및 관련 이해관계계자로부터의 피드백
- 품질목표의 달성 정도
- 프로세스 성과, 그리고 제품 및 서비스의 적합성
- 부적합 및 시정조치
- 모니터링 및 측정 결과
- 심사결과
- 외부공급자의 성과

(d) **자원의 충족성**

(e) **리스크와 기회를 다루기 위하여 취해진 조치의 효과성(6.1 참조)**

(g) **개선 기회**

품질경영시스템의 효과성뿐만 아니라 효율성을 평가하기 위한 경영검토 입력은 고객 및 기타 이해 관계자들을 고려해야 한다.

1) 이해관계자를 고려한 경영검토 입력사항

위와 관련된 이해 관계자들을 고려하여 다음 사항을 포함하는 것이 필요하다.

- 품질 목표 및 개선활동의 현황 및 결과
- 경영검토 활동 항목의 현황
- 조직의 심사결과 및 자체 평가 결과
- 이해 관계자들의 참여 문제를 포함한 이해 관계자들의 만족도에 대한 피드백
- 기술, 연구 및 개발과 경쟁자 성과와 같은 시장 관련 요소
- 벤치마킹 활동의 결과
- 공급자의 성과
- 개선을 위한 새로운 기회
- 프로세스 부적합 및 제품 부적합 관리
- 시장 평가 및 전략
- 전략적 협력관계 활동의 현황
- 품질 관련 활동의 재정적 효과
- 재정적, 사회적 또는 환경 조건과 관련되는 법적 및 규제 변화 같이 조직에 영향을 미칠 수 있는 그 밖의 요소 등

2) 프로세스 성과 및 제품의 적합성에 대한 입력사항

특히 프로세스 성과 및 제품의 적합성에 대한 입력사항은 다음과 같다.

① 공정이상 및 제품 부적합품을 별도로 모아 그 원인을 요인별로 분석

하여 경향을 파악하고 근본원인을 찾아 시정조치 되어야 한다.

② 해당 부서에서는 경향분석을 위하여 다음의 자료를 검토하여야 한다.

- 부적합 현황, 문제점 및 대책
- 원 · 부자재의 문제점 및 대책
- 업체평가 결과 및 대책
- 교정업무의 문제점 및 대책
- 영업, 구매업무의 문제점 및 대책
- 각 부서별 업무현황, 문제점 및 대책

③ 중요한 것은 이러한 분석을 수행함에 있어 기존의 업무분석과는 달리 그 분석의 초점이 품질경영시스템 문서에 맞추어져야 하는 것이다. 즉 자재표준, 작업표준, 품질절차서 등의 대책으로 연결되도록 하여야 한다.

9.3.3 경영검토 출력사항

경영검토의 출력사항에는 다음 사항과 관련된 결정과 조치가 포함되어야 한다.

(a) **개선 기회**
(b) **품질경영시스템 변경에 대한 모든 필요성**
(c) **자원의 필요성**

조직은 경영검토 결과의 증거로, 문서화된 정보를 보유하여야 한다. 최고경영자는 계획된 주기에 의해 경영검토를 실시하여야 한다. 이들 검토는 QMS의 적절성과 충족성, 그리고 품질방침과 목표가 달성되고 있는 정도를 점검하도록 의도하고 있다.

9.3.2항의 (a)~(f)는 경영검토 주기 내에 일어난 사실을 포함하고 있다.

ISO 9001:2015에서는 경영검토 주기를 규정하고 있지 않다. 최고경영자가 경영검토 주기를 정할 때는, 품질방침과 목표에 대한 진척도가 점검된다는 것과 필요시 잠재적인 문제점들을 바로잡기 위해 적절한 조치사항이 취해진다는 것을 보장하기에 충분하도록 주기를 설정하여야 한다.

효율성을 증진시키기 위한 추가적인 경영검토 출력은 다음 사항들을 포함할 수 있다.

- 제품 및 프로세스의 성과 목표
- 조직을 위한 성과 개선 목표
- 조직의 구조 및 자원의 적절성
- 마케팅, 제품, 그리고 고객 및 기타 이해관계자들의 만족을 위한 전략 및 착수, 파악된 위험에 대한 손실 예방 및 완화 계획
- 조직의 미래욕구를 위한 전략적 계획에 관한 정보

10.
개선

10.1 일반사항

조직은 개선 기회를 결정하고 선택하여야 하며, 고객 요구사항을 충족시키고 고객만족을 증진시키기 위하여 필요한 모든 조치를 실행하여야 한다. 조치에는 다음 사항이 포함되어야 한다.

(a) **요구사항을 충족시키기 위한 것뿐만 아니라, 미래의 니즈와 기대를 다루기 위한 제품 및 서비스의 개선**

(b) **시정, 예방 또는 바람직하지 않는 영향의 감소**

(c) **품질경영시스템의 성과 및 효과성 개선**

- [비고] 개선의 사례에는 시정, 시정조치, 지속적 개선, 획기적인 변화, 혁신 및 조직 개편이 포함될 수 있다.

10.2 부적합 및 시정조치

10.2.1 부적합 발생 시 실행 사항

불만족에서 야기된 모든 것을 포함하여 부적합이 발생하였을 때, 조직은 다음 사항을 실행하여야 한다.

(a) **부적합에 대처하여야 하며 해당되는 경우, 다음 사항이 포함되어야 한다.**

- 부적합을 관리하고 시정하기 위한 조치를 취함
- 결과를 처리함

(b) **부적합이 재발하거나 다른 곳에서 발생하지 않게 하기 위해서, 부적합의 원인을 제거하기 위한 조치의 필요성을 다음 사항에 의하여 평가하여야 한다.**

- 부적합의 검토와 분석
- 부적합 원인의 결정
- 유사한 부적합의 존재 여부 또는 잠재적인 발생 여부 결정

(c) **필요한 모든 조치의 실행**

(d) **취해진 모든 시정조치의 효과성 검토**

(e) **필요한 경우, 기획 시 결정된 리스크와 기회의 갱신**

(f) **필요한 경우, 품질경영시스템의 변경**

시정조치는 직면한 부적합의 영향에 적절하여야 한다.

10.2.2 문서화된 정보의 보유

조직은 다음 사항의 증거로, 문서화된 정보를 보유하여야 한다.

(a) **부적합의 성질 및 취해진 모든 후속조치**

(b) **모든 시정조치의 결과**

1) 부적합의 관리

요구사항에 적합하지 않은 제품을 부적합이라 하며, 요구사항은 계약 내용, 주문서, 시방서, 도면, KS 표준, 제품 표준 등이다.

① 부적합제품을 관리하기 위한 문서화된 절차를 수립하여야 한다. 여기에는 식별 및 관리, 처리에 대한 관리와 책임 및 권한, 부적합 내용과 승인된 특채를 포함한 취해진 후속조치에 대한 기록, 시정 후 재검증, 인도 후 또는 사용이 시작된 후 발견 시 부적합의 영향과 잠재 영향에 대한 적절한 조치 등이 포함된다.

② 문서화된 절차의 내용에는 부적합의 구분 및 정의, 식별 방법, 기록 및 보고, 검토 및 처리 결정 책임, 처리 방안별 절차 기록 및 보고, 처리 결과보고, 부적합품의 시정에 따른 재검증, 시정조치, 고객서비스 활동 (예: 특별점검, 조정 및 교체, 리콜회수 등) 등을 포함한다.

③ 의도되지 않은 사용이나 사용을 방지하기 위한 관리가 필요하다.

④ 부적합품의 다음의 하나 혹은 그 이상에 따라서 처리되어야 한다.

- 발견된 부적합을 제거하기 위한 조치: 반품, 폐기, 재작업, 수리, 용도변경, 재등급 등
- 적절한 권한을 가진 자에 의해 또는 해당되는 경우 고객에 의해 특채하에 부적합품의 사용, 불출 혹은 수락
- 특채를 포함한 부적합품이 원래 의도된 사용 또는 적용을 방지하기 위하여 조치실시와 취해 후속조치 결과는 기록으로 유지
- 제품이 인도된 후 또는 사용이 시작된 후 발견되었을 경우 주적합의 영향 또는 잠재적 영향에 대한 적절한 조치 실시

⑤ 부적합품은 조치 후 적합하다는 것을 입증하기 위하여 재검증한다.

⑥ 부적합이 인도 후 또는 사용 후 발견된 경우 부적합의 중대성을 고려하여 적절한 조치를 실시한다.

⑦ 부적합 제품이 발생하면 해당 부서에의 통보, 발생 정도의 파악, 집계 및 분석을 하며 시정조치, 경영검토에 반영, 지속적 품질 개선을 위한 정보로 제공, 품질방침 및 목표에 반영되어야 한다.

2) 시정조치

시정조치에 대한 문서화된 절차를 수립하고 실행하여야 하고, 재발 방지를 위한 부적합의 원인제거 프로세스를 수립하여야 한다. 문서화된 절차에 포함되어야 할 내용은 다음과 같다.

① 부적합의 검토(고객의 관점에서 검토)

- 부적합의 중요도(치명, 중, 경) 검토 및 영향정도 평가
- 유사 부적합의 존재 여부 파악
- 우선 시정조치 대상의 결정(문제의 심각성, 중요도, 시급성, 기술적 난이도, 소요예산 등 자원의 소요 정도에 따라 판단)

② 부적합 발생 원인의 결정

- 시스템적인 원인(예: 업무분담, 책임의 불명확, 절차의 미준수 등)
- 기술적인 원인(예: 가공 방법 등 4M의 변화, 공정 변수/작업 조건의 부적정 등)

③ 부적합의 재발 방지를 위한 조치의 평가

- 개선 대책의 제안
- 주요 개선 대책의 선정 및 적합성 평가(실현성, 효과성, 경제성 등)

④ 필요한 조치의 결정 및 실행(예: 시정조치 책임자의 지정, 기간 설정, 계획 수립 및 실행)

⑤ 시정조치 결과 기록

- 시정조치 진행 결과의 평가, 통보 또는 보고 등의 기록
- 시정조치에 대한 이력관리 및 조직 내의 공유

⑥ 취해진 시정조치의 효과성에 대한 검토

- 적합성, 효과성 및 효율성 평가와 이에 따른 시정조치 요구
- 문서의 변경에 따른 재발 방지 정도의 검토

- 경영검토에 의한 시정조치의 검토 및 추가적인 시정조치 요구

⑦ 시정조치를 위한 정보의 출처(사례)

- 고객불만과 데이터 분석 결과, 부적합보고서, 고객만족도 평가 결과, 내부심사 보고서, 관련 품질경영시스템 기록 및 경영검토 결과 등

10.3 지속적인 개선

조직은 품질경영시스템의 적절성, 충족성 및 효과성을 지속적으로 개선하여야 한다. 조직은 지속적 개선의 일부로서 다루어야 할 니즈 또는 기회가 있는지를 결정하기 위하여, 분석 및 평가의 결과, 그리고 경영검토의 출력사항을 고려하여야 한다.

(a) **품질방침, 목표, 심사결과, 데이터의 분석, 시정조치, 예방조치, 경영검토를 통해 품질경영 시스템의 효과성에 대한 개선을 촉진하여야 한다.**

(b) **개선에는 내부적으로 효과성과 효율성을 개선시키고 외부적으로 고객이나 기타 이해 관계자의 만족을 도모하는 것이다.**

(c) **개선 프로세스에 대한 입력사항으로는 다음 사항을 고려할 수 있다.**

- 타당성 확인 데이터
- 시험/검사 데이터
- 고객 피드백
- 재정적 데이터(원가절감, 이익 증대, 매출액 증대 등), 생산성 및 서비스 데이터

(d) **품질목표의 달성 및 목표의 지속적 상향조정에 의해 지속적 개선을 달성할 수 있다.**

(e) **개선의 방법에는 다음과 같이 두 가지 카테고리를 고려하여야 한다.**

- 혁신적 개선(산포의 중심 변경)
- 전략적 결정
- 일상 운영에 의한 일상 개선(변동의 감소)
- 운영 개선

(f) **개선 단계는 다음과 같은 단계로 실시할 수 있다.**

- 품질분임조 활동의 단계별 순서, Single PPM 품질혁신활동 6단계, 6시그마 5단계 등

[부속서 A] 새로운 구조, 용어 및 개념의 설명

A.1 구조와 용어

조항의 구조와 이 표준에서 개정된 몇몇의 용어는 이전 개정된 ISO 9001:2008과 비교하여, 기타 다른 경영시스템 요구사항에 대한 일관성을 개선하기 위하여 변경되었다. 조직의 품질경영시스템의 문서화된 정보에 이 국제표준 안에서 구조와 용어를 적용하라는 요구사항은 없다.

조항의 구조는 문서화된 조직의 방침, 목표 그리고 프로세스의 모델보다 요구사항의 일관성 제시를 제공하기 위하여 의도되었다. 품질경영시스템에 관련된 문서화된 정보의 구조와 내용은 만약 조직과 다른 목적을 위한 정보 유지에 의한 프로세스 운영에 연관된다면 이는 사용자에 자주 그리고 더욱 관련이 있을 수 있다.

품질경영시스템요구사항에 조직이 사용하고 있는 용어를 이 국제표준에

서 사용된 용어로 대체해야 한다는 요구사항은 없다. 조직은 조직의 운영(예: 문서화된 정보보다 기록, 문서화 또는 의정서 또는 외부 제공자보다 공급자, 파트너 또는 거래처)에 적합한 용어를 선택할 수 있다.

아래 [표 A.1]은 이전 표준과 이 국제표준 사이에서 중점적으로 변경된 용어를 보여 준다.

[표 A.1] ISO 9001:2008과 ISO 9001:2015 용어의 주요 차이점

ISO 9001:2008	ISO 9001:2015
제품	제품 및 서비스
적용제외	사용되지 않음 (적용 가능성에 대한 설명은 A.5 참조)
경영대리인	사용되지 않음 (유사한 책임 및 권한이 부여되지만, 단독의 경영대리인에 대한 요구사항은 없음)
문서화, 품질메뉴얼, 문서화된 절차, 기록	문서화된 정보
업무 환경	프로세스 운영 환경
모니터링 및 측정 장비	모니터링 및 측정 자원
구매한 제품	외부 제공 제품 및 서비스
공급자	외부공급자

A.2 제품 및 서비스

ISO 9001:2015에서는 모든 출력 범주(category)를 포함하기 위하여 "제품"이라는 용어를 사용하였다. 이 표준에서는 "제품 및 서비스"를 사용한다. "제품 및 서비스"라는 용어는 모든 출력 범주(하드웨어, 서비스, 소프트웨어 및 연속집합재/가공물질)를 포함한다.

"서비스"를 특정하여 포함한 것은, 몇몇 요구사항 적용 시 제품과 서비

스 차이를 강조하기 위한 것이다. 서비스의 특성은 적어도 출력의 일부는 고객과의 접점에서 실현된다는 것이다. 이것은 예를 들면,요구사항의 적합성이 서비스 인도 이전에 반드시 확인될 수 있는 것은 아니라는 것을 의미한다.

대부분의 경우, “제품”과 “서비스”는 함께 사용된다. 조직이 고객에게 제공하거나, 외부공급자가 조직에 공급하는 대부분의 출력은 제품 및 서비스 모두를 포함한다. 예를 들면, 유형 또는 무형의 제품은 몇몇 연관된 서비스를 가질 수 있고, 서비스는 몇몇 관련 유형 또는 무형의 제품을 가질 수 있다.

A.3 이해관계자의 니즈와 기대 이해

4.2에는 조직이 품질경영시스템과 관련이 있는 이해관계자 및 그러한 이해관계자의 요구사항을 결정하기 위한 요구사항이 규정되어 있다. 그러나 4.2가 이 표준의 적용범위를 넘어서서 품질경영시스템 요구사항의 확대를 의미하는 것은 아니다. 적용범위에서 언급한 바와 같이, 이 표준은 조직이 고객 요구사항, 그리고 적용되는 법적 및 규제적 요구사항을 충족시키는 제품 및 서비스를 지속적으로 공급하는 능력을 실증할 필요가 있고, 고객만족 증진을 추구하는 경우에 적용 가능하다.

이 표준에는 조직이, 조직의 품질경영시스템과 관련이 없다고 결정한 이해관계자를 고려하는 요구사항은 없다. 관련 이해관계자의 독특한 요구사항이 조직의 품질경영시스템과 관련이 있는지의 여부는 조직이 결정한다.

A.4 리스크 기반 사고(Risk-based thinking)

리스크 기반 사고의 개념은 예를 들어, 기획, 검토 및 개선에 대한 요구사항을 통하여 이 표준의 이전 판에도 암시되어 있었다. 조직이 조직상황(4.1 참조)을 이해하여, 기획(6.1 참조)을 위한 기반으로 리스크를 정하는 요구사항이 이 표준에 규정되어 있다. 이는 품질경영시스템 프로세스(4.4 참조)의 기획과 실행에 리스크 기반 사고가 적용됨을 나타내며, 문서화된 정보의 범위 결정에 도움이 될 것이다.

품질경영시스템의 핵심 목적 중 하나는 예방 도구로 활용하는 것이다. 결과적으로 이 표준에는 예방조치에 대한 별도의 항 또는 세부 항이 없다. 예방조치의 개념은 품질경영시스템요구사항으로 나타낼 때 리스크 기반 사고를 통하여 표현되었다.

이 표준에 적용된 리스크 기반 사고를 통하여 규범적인 요구사항을 감소시킬 수 있었으며, 성과기반의 요구사항으로 대체할 수 있었다. 프로세스, 문서화된 정보 및 조직의 책임에 대한 요구사항에는 ISO 9001:2008보다 더 큰 유연성이 있다.

비록 6.1에서 조직이 리스크를 다루기 위한 활동을 기획하여야 한다고 규정하고 있지만, 리스크 관리를 위한 공식적인 방법 또는 문서화된 리스크 관리 프로세스에 대한 요구사항은 없다. 조직은 예를 들어, 다른 가이던스나 표준의 적용을 통하여, 이 표준에서 요구하는 것보다 더 확장된 리스크 관리 방법론의 개발 여부를 결정할 수 있다. 품질경영시스템의 모든 프로세스가, 목표를 충족시키는 조직의 능력에 관하여 같은 수준의 리스크를 나타내는 것은 아니며, 불확실성의 영향이 모든 조직에서 동일하지 않다. 6.1의 요구사항에 따라, 조직은 리스크 결정의 증거로서, 문서화된 정보의 보유 여부를 포함하여 리스크 기반 사고의 적용과 리스크를 다루기 위해 취해지는 조치에 대한 책임이 있다.

❙ A.5 적용 가능성

이 표준에서, 조직의 품질경영시스템 요구사항의 적용 가능성과 관련하여 "적용 제외"를 언급하지 않는다. 그러나 조직은 조직의 규모 또는 복잡성, 조직이 채택한 경영모델, 조직 의 활동범위 및 조직이 직면한 리스크와 기회의 성질에 기인하여 요구사항의 적용 가능성을 검토할 수 있다. 적용 가능성에 대한 요구사항은, 4.3에서 다루고 있는데, 4.3에서 조직이 품질경영시스템 범위 내에서 어떤 요구사항이 어느 프로세스에도 적용될 수 없음을 결정할 수 있는 조건을 규정한다. 조직은, 조직의 의사결정이 제품 및 서비스의 적합성 달성에 대한 실패로 나타나지 않는 경우에만, 요구사항이 적용될 수 없음을 결정할 수 있다.

❙ A.6 문서화된 정보

다른 경영시스템 표준과의 정렬의 일환으로 "문서화된 정보"에 대한 공통적인 항은, 중대한 변경 또는 추가(7.5 참조) 없이 채택되었다. 적절한 경우, 이 표준의 다른 곳의 본문/내용(text)은, 이 표준의 요구사항과 정렬되었다. 결과적으로 "문서화된 정보"는 모든 문서 요구사항에 사용된다.

ISO 9001:2015에서 "문서", "문서화된 절차", "품질매뉴얼" 또는 "품질계획서"같은 특정 용어가 사용된 반면, 이 표준의 2015년판에서는 "문서화된 정보를 유지"에 대한 요구사항을 규정한다.

Q ISO 9001:2015에서 요구사항에 적합하다는 증거를 제공하기 위하여 필요한 문서를 "기록"이라는 용어로 사용했지만, 지금은 "문서화된 정보의 보유"에 대한 요구사항으로 표현된다. 조직은 보유가 필요한 문서

화된 정보, 보유 기간 및 보유에 사용되는 매체에 대하여 결정할 책임이 있다.

문서화된 정보의 "유지"에 대한 요구사항은 조직이 특별한 목적을 위하여 동일한 문서화된 정보, 예를 들어 이전 버전을 "보유"할 필요가 있다는 가능성을 제외하지 않는다.

이 표준에서 "문서화된 정보" 이외에 "정보"라고 언급될 경우(예를 들어, 4.1에는 "조직은, 이러한 외부 및 내부 이슈에 대한 정보를 모니터링하고 검토하여야 한다."로 규정되어 있다), 이 정보가 문서화되어야 한다는 요구사항은 없다. 그러한 경우 조직은 문서화된 정보를 유지하는 것이 필요한지 또는 적절한지 여부를 결정할 수 있다.

A.7 조직의 지식

이 표준의 7.1.6에서, 조직의 프로세스 운용을 보장하기 위하여, 그리고 제품 및 서비스의 적합성을 달성할 수 있음을 보장하기 위하여, 조직이 유지하는 지식을 정하고 관리할 필요성을 다룬다. 조직의 지식에 관한 요구사항은, 다음의 목적을 위해 도입되었다.

(a) 지식의 손실로부터 조직을 보호, 예를 들면

- 조직원의 이직
- 정보수집 및 공유의 실패

(b) 조직의 지식획득 장려, 예를 들면

- 경험으로부터의 학습
- 멘토링
- 벤치마킹

A.8 외부에서 제공되는 프로세스, 제품 및 서비스의 관리

외부에서 제공되는 프로세스, 제품 및 서비스의 모든 형태는 8.4에서 다루어지는데, 다음과 같은 예가 있다.

(a) 공급자로부터의 구매

(b) 관련 회사와의 협정

(c) 외부공급자에게 프로세스 외주처리

공급자와 조직 간 접점에서 필수적으로 수행되는 최소 한 가지 활동이 있으므로, 외주처리는 서비스의 기본적인 특성을 항상 갖게 된다.

외부제공에 대하여 요구되는 관리는 프로세스, 제품 및 서비스의 성질에 따라 크게 달라질 수 있다. 조직은 특별한 외부공급자에 적절한, 그리고 외부에서 제공된 프로세스, 제품 및 서비스에 적절한 관리의 유형과 정도를 결정하기 위하여 리스크 기반 사고를 적용할 수 있다.

[부속서 B] ISO/TC 176이 개발한 품질경영과 품질경영시스템에 관한 기타 국제표준

이 국제규격에 설명된 이 부속서는 ISO/TC 176에 의하여, 조직이 이 국제규격에 적용할 수 있도록 지원하기 위해, 그리고 요구사항을 넘어선 진행을 조직이 선택할 수 있는 지침을 제공하기 위하여 개발되었다. 지침 또는 요구사항은 이 문서에 추가되지 않은 문서 리스트 또는 개정, 이 국제규격의 요구사항을 포함한다.

[표 B.1]은 이 규격들과 이 국제규격의 연관된 조항 사이의 관계를 보여주고 있다. 이 부속서는 ISO/TC 176에 의하여 개발된 분야-특정 품질경영시스템 규격의 참조문서를 포함하지 않는다. 이 국제규격은 ISO/TC 176에 의하여 개발된 3개의 핵심규격 중 하나이다.

▎ISO 9000 품질경영시스템

원리와 어휘는 이 국제규격의 적절한 이해와 시행을 위해 필요한 배경을 제공한다. 품질경영원리는 ISO 9000에서 자세히 설명하고 있고 이 국제규격을 개발하는 데 고려되었다. 이 원리들은 요구사항이 아니다. 그러나 이것들은 이 국제규격의 의한 요구사항에 대한 기초를 명시하고 있다. ISO 9000 또한 이 국제규격에 사용된 용어, 정의 그리고 개념을 규정한다.

▎ISO 9001 품질경영시스템(해당 국제규격)

조직에 의하여 제공되는 제품과 서비스에 신뢰성을 주는 주된 목적을 겨냥한 요구사항을 규정하고 있고, 그렇게 함으로써 고객만족을 증대하고 또한 개선된 내부의사 소통, 조직의 프로세스에 대한 좀 더 나은 이해와 관리 같은 조직에 이익을 가져오는 기대를 가질 수 있는 적절한 운영을 할 수 있게 한다.

ISO 9004 품질경영시스템

조직의 지속적인 성공을 위한 경영 – 품질경영접근은 이 국제규격의 요구사항을 넘어선 진행을 조직이 선택할 수 있도록 지침을 제공한다. 또한 조직의 전반적인 수행의 개선을 이끌 수 있게 하는 폭 넓은 범위의 주제를 언급한다. ISO 9004는 품질경영시스템의 성숙된 수준을 평가할 수 있는 조직의 역량을 위한 자가평가방법에 대한 지침을 담고 있다.

ISO 10001 품질경영시스템

고객만족 – 조직을 위한 수행 코드의 지침은 고객의 필요사항과 기대사항을 충족하는 고객만족공급을 조직이 결정할 수 있도록 지침을 제공한다. 이것은 조직에서 고객의 신뢰를 증대시킬 수 있도록 하고, 조직이 고객에게 무엇을 기대하는지에 대한 이해의 개선, 그리고 그렇게 함으로써 오해와 불만의 가능성을 감소시킨다.

ISO 10002 품질경영시스템

고객만족 – 조직에서의 불만처리에 대한 지침은 불만에 대한 필요사항과 기대사항의 언급과 인식에 의한 불만처리 프로세스의 지침을 제공하고, 또한 접수된 고객불만의 처리에 대한 지침을 제공한다. ISO 10002는 인원에 대한 교육을 포함하여 효과적이고, 쉽게 사용하는 불만 프로세스를 제공한다. 이것은 또한 작은 규모의 사업장에 대한 지침을 제공한다.

ISO 10003 품질경영시스템

고객만족 – 조직의 외부분쟁해결을 위한 지침은 제품과 관련된 불만의 효과적인 외부분쟁 해결을 위한 지침을 제공한다. 분쟁 해결은 조직이 내부적으로 불만을 해결하지 못할 시 이를 바로잡는 진입 방법을 준다. 대부분의 불만은 대립적 절차 없이 조직 안에서 성공적으로 해결할 수 있다.

ISO 10004 품질경영시스템

고객만족 – 모니터링과 측정을 위한 지침은 고객만족 증대를 위한 조치에 대한 제품, 프로세스 그리고 고객에 의하여 평가된 속성을 개선하는 기회의 결정에 대한 지침을 제공한다. 이와 같은 조치는 고객의 충성심을 증대시키고 고객 유지를 돕는다.

ISO 10005 품질경영시스템

품질계획을 위한 지침은 프로세스, 제품, 프로젝트 또는 계약의 관련 요구사항의 방법과 같은 품질계획의 수립과 사용, 제품 실현 지원의 수행에 대한 지침을 제공한다.

ISO 10006 품질경영시스템

프로젝트의 품질경영시스템을 위한 지침은 작은 것에서 큰 것, 단순한 것에서 복잡한 것, 각각의 프로젝트의 포트폴리오 부분에서 적용된다. ISO 10006은 프로젝트를 준비하는, ISO품질경영시스템 규격에 포함된 실행에 조직이 적용한다는 것을 보장하는 인원에 의하여 사용된다.

ISO 10007 품질경영시스템

구성경영을 위한 지침은 제품의 수명에 대한 기술적, 행정적 방향 을 위한 구성경영에 조직이 적용할 수 있도록 지원한다. 구성경영은 이 국제규격에서의 제품 식별과 추적 요구사항 충족에 사용될 수 있다.

ISO 10008 품질경영시스템

고객만족 - 기업과 소비자 간의 전자상거래를 위한 지침은 어떻게 효과적으로 효율적인 기업과 소비자 간의 전자상거래 시스템(B2C ECT)을 조직이 시행할 수 있는지에 대한 지침을 제공하고, 그렇게 함으로써 B2C ECT 안에서의 소비자에게 신뢰성을 증대를 가질 수 있게 하며, 소비자의 만족을 증대하고 불만과 분쟁을 감소하는 조직의 역량을 증대하는 기반을 제공한다.

ISO 10012 품질경영시스템

측정 - 프로세스와 측정장비의 측정을 위한 요구사항은 계측학적 요구사항 준수의 입증과 지원에 사용되는 측정장비의 계측학적 입증과 측정 프로세스의 경영을 위한 지침을 제공한다. ISO 10012는 계측학적 요구사항 충족을 보장하는 측정경영시스템을 위한 품질경영기준을 제공한다.

ISO/TR 10013 품질경영시스템

문서화를 위한 지침은 품질경영시스템을 위해 필요한 문서화의 개발과 유지를 위한 지침을 제공한다. ISO/TR 10013은 ISO품질경영시스템 규격 이외의 문서경영 시스템에 사용할 수 있다(예: 환경경영시스템과 안전경영시스템).

ISO 10014 품질경영시스템

재정적 · 경제적 이익실현을 위한 지침은 최고경영진에게 다루어지고 있고, 이것은 품질경영 개념의 적용을 통하여 재정적 그리고 경제적 이익실현을 위한 지침을 제공한다. 이것은 경영개념과 조직의 지속적인 조직의 성공을 가능하게 하는 장치와 방법의 선택에 대한 적용을 가능하게 한다.

ISO 10015 품질경영시스템

훈련을 위한 지침은 교육에 관련된 지정사항에서의 조직을 지원한다. ISO 10015은 ISO품질경영시스템에서의 "교육" 그리고 "훈련"에서의 참조를 설명하기 위하여 요구되는 지침에 적용할 수 있다. "훈련"은 모든 유형의 교육과 훈련을 포함한다.

ISO/TR 10017 품질경영시스템

ISO9001:2000을 위한 통계기법의 지침은 행위와 프로세스의 결과, 심지어 명백한 안전성의 조건들 아래에서의 가변성을 관찰할 수 있게 하는 통계적 기술을 설명한다. 통계적 기술은 결정에서 조금 더 나은 가능한 데이터를 사용할 수 있도록 지원하고 제품과 고객만족을 달성하게 하는 프로세스의 지속적인 개선을 돕게 한다.

ISO 10018 품질경영시스템

인원 참여와 역량에 영향에 대한 지침을 제공한다. 품질경영시스템은 역량을 지닌 인원의 참여와 그들이 조직에 통합되는 방법에 의하여 좌우된다. 이것은 아주 중요하게 결정, 개발 그리고 지식의 평가, 기술, 행위와 업무환경이 요구된다.

▎ISO 10019 품질경영시스템

컨설턴트 그리고 그들의 서비스 사용에 대한 선택의 지침을 제공한다. 이것은 품질경영시스템 컨설턴트의 역량평가에 대한 지침을 제공하고, 조직이 컨설턴트의 서비스 충족을 위해 필요로 하는 그리고 기대하는 신뢰성을 제공한다.

▎ISO 19011 품질경영시스템

심사를 위한 지침은 심사 프로그램, 계획과 경영시스템 심사, 또한 심사원과 심사 팀의 역량 평가에 대한 지침을 제공한다. ISO19011은 심사원과, 경영시스템을 시행하는 조직 그리고 경영시스템 심사를 수행할 필요가 있는 조직에 적용된다.

[표 B.1] 품질경영 및 품질경영시스템에 대한
다른 국제규격들과 이 국제규격의 조항 사이의 관계

기타 다른 국제규격	이 국제규격에서의 조항						
	4	5	6	7	8	9	10
	모두	모두	모두	모두	모두	모두	모두
ISO 9000	모두	모두	모두	모두	모두	모두	모두
ISO 9004					8.2.2, 8.5.1	9.1.2	
ISO 10001					8.2.1	9.1.2	10.2.1
ISO 10002						9.1.2	
ISO 10003						9.1.2, 9.1.3	
ISO 10004		5.3	6.1,6.2	모두	모두		10.2
ISO 10005	모두	모두	모두	모두	모두	모두	모두
ISO 10006					8.5.2		
ISO 10007	모두	모두	모두	모두	모두	모두	모두
ISO 10008				7.1.5			
ISO 10012				7.5			
ISO/TR 10013	모두	모두	모두	모두	모두	모두	모두
ISO 10014							
ISO 10015			6.1	7.1.5		9.1	
ISO/TR 10017	모두	모두	모두	모두	모두	모두	모두
ISO 10018					8.4		
ISO 10019						9.2	
ISO 19011							

● [비고] "모두"의 표시는 기타 다른 국제규격과 관련된 이 국제규격에서의 특정조항에서의 모든 하위조항을 나타낸다.

부록.

ISO 9001:2008 to ISO 9001:2015, Correlation Matrix

ISO 9001:2015	ISO 9001:2008
1 적용범위	1 적용범위 1.1 일반사항
4 조직상황	4 품질경영시스템
4.1 조직과 조직상황의 이해	4 품질경영시스템 5.6 경영검토
4.2 이해관계자의 니즈와 기대 이해	4 품질경영시스템 5.6 경영검토
4.3 품질경영시스템 적용 범위 결정	1.2 적용 4.2.2 품질매뉴얼
4.4 품질경영시스템과 그 프로세스	4 품질경영시스템 4.1 일반요구사항
5 리더쉽	5 경영책임
5.1 리더십과 의지표명	5.1 경영의지
5.1.1 일반사항	5.1 경영의지
5.1.2 고객중시	5.2 고객중심
5.2 방침	5.3 품질방침
5.2.1 품질방침의 수립	5.3 품질방침
5.2.2 품질방침에 대한 의사소통	5.3 품질방침
5.3 조직의 역학, 책임 및 권한	5.5.1 책임 및 권한 5.5.2 경영대리인 5.4.2 품질경영시스템의 기획

ISO 9001:2015	ISO 9001:2008
6. 기획	5.4.2 품질경영시스템 기획
6.1 리스크와 기회를 다루는 조치	5.4.2 품질경영시스템의 기획 8.5.3 예방조치
6.2 품질목표와 품질목표 달성 기획	5.4.1 품질목표
6.3 변경의 기획	5.4.2 품질경영시스템의 기획
7 지침	6 자원관리
7.1 지침	6 자원관리
7.1.1 일반사항	6.1 자원확보
7.1.2 인원	6.1 자원확보
7.1.3 기반구조	6.3 기반구조
7.1.4 프로세스 운용환경	6.4 업무환경
7.1.5 모니터링 자원과 측정자원	7.6 모니터링 장비 및 측정 장비의 관리
5.1.5.1 일반사항	7.6 모니터링 장비 및 측정 장비의 관리
7.1.5.2 측정 소급 성	7.6 모니터링 장비 및 측정 장비의 관리
7.1.6 조직의 지식	XXXXX
7.2 역량/적격성	6.2.1 일반사항 6.2.2 적격성, 교육훈련 및 인식
7.3 인식	6.2.2 적격성, 교육훈련 및 인식
7.4 의사소통	5.5.3 내부의사소통

ISO 9001:2015	ISO 9001:2008
7.5 문서화된 정보	4.2 문서화 요구사항
7.5.1 일반사항	4.2.1 일반사항
7.5.2 작성 및 갱신	4.2.3 문서기록 4.2.4 기록관리
7.5.3 문서화된 정보의 관리	4.2.3 문서기록 4.2.4 기록관리
8 운용	7 제품실현
8.1 운용기획 및 관리	7.1 제품시현의 기획
8.2 제품 및 서비스 요구사항	7.2 고객관련 프로세스
8.2.1 고객간의 의사소통	7.2.3 고객과의 의사소통
8.2.2 제품 및 서비스에 대한 요구사항의 결정	7.2.1 제품과 관련된 요구사항 결정
8.2.2 제품 및 서비스에 대한 요구사항의 결정	7.2.2 제품과 관련된 요구사항 검토
8.2.2 제품 및 서비스에 대한 요구사항의 결정	7.2.2 제품과 관련된 요구사항 검토
8.3 제품 및 서비스의 설계와 개발	7.3 설계 및 개발
8.3.1 일반사항	7.3.1 설계 및 개발 기획
8.3.2 설계와 개발 기획	7.3.1 설계 및 개발 기획
8.3.3 설계와 개발 입력	7.3.2 설계 및 개발 입력
8.3.4 설계와 개발 관리	7.3.4 설계 및 개발 검토 7.3.5 설계 및 개발 검증 7.3.6 설계 및 개발 실현성 확인/타당성 확인

ISO 9001:2015	ISO 9001:2008
8.3.5 설계와 개발 출력	7.3.3 설계 및 개발 출력
8.3.6 설계와 개발 변경	7.3.7 설계 및 개발 변경관리
8.4 외부에서 제공되는 프로세스, 제품 및 서비스 관리	7.4.1 구매 프로세스
8.4.1 일반사항	4.1 일반 요구사항 7.4.1 구매 프로세스
8.4.2 관리의 유형과 정도	7.4.1 구매프로세스 7.4.3 구매한 제품의 검증
8.4.3 외부공급자를 위한 정보	7.4.2 구매정보 7.4.3 구매한 제품의 검증
8.5 생산 및 서비스 제공	7.5 생산 및 서비스 제공
8.5.1 생산 및 서비스 제공의 관리	7.5.1 생산 및 서비스 제공의 관리 7.5.2 생산 및 서비스 제공에 대한 프로세스의 실현성 확인/타당성 확인
8.5.2 식별과 추적성	7.5.3 식별 및 추적성
8.5.3 고객 또는 외부 공급자의 재산	7.5.4 고객재산
8.5.4 보존	7.5.5 제품의 보존
8.5.5 인도 후 활동	7.5.1 생산 및 서비스 제공의 관리
8.5.6 변경 관리	7.3.7 설계 및 개발 변경관
8.6 제품 및 서비스의 불출/출시	7.4.3 구매한 제품의 관리 8.2.4 제품의 모니터링 및 측정

ISO 9001:2015	ISO 9001:2008
8.7 부적합 출력/산출물의 관리	8.3 부적합 제품의 관리
9 성과평가	8 측정, 분석 및 개선
9.1 모니터링, 측정, 분석 및 평가	8 측정, 분석 및 개선
9.1.1 일반사항	8.1 일반사항 8.2.3 프로세스의 모니터링 및 측정
9.1.2 고객만족	8.2.1 고객만족
9.1.3 분석 및 평가	8.4 데이터 분석
9.2 내부심사	8.2.2 내부심사
9.3 경영검토/경영평가	5.6 경영검토
9.3.1 일반사항	5.6.1 일반사항
9.3.2 경영검토 입력사항	5.6.2 검토입력
9.3.3 경영검토 출력사항	5.6.3 검토출력
10 개선	8.5 개선
10.1 일반사항	8.5.1 지속적 개선
10.2 부적합 및 시정조치	8.3 부적합 제품의 관리 8.5.2 시정조치
10.3 지속적 개선	8.5.1 지속적 개선 8.5.3 예방조치